I0816381

MANUAL DEL ESPAÑOL INCORRECTO

Adrián Chávez

MANUAL DEL ESPAÑOL INCORRECTO

Contra el espejismo del «buen español»

AGUILAR

El papel utilizado para la impresión de este libro ha sido fabricado a partir de madera procedente de bosques y plantaciones gestionadas con los más altos estándares ambientales, garantizando una explotación de los recursos sostenible con el medio ambiente y beneficiosa para las personas.

Manual del español incorrecto
Contra el espejismo del «buen español»

Primera edición: julio, 2024

Penguin Random House Grupo Editorial, S. A. de C. V.
Blvd. Miguel de Cervantes Saavedra núm. 301, 1er piso,
colonia Granada, alcaldía Miguel Hidalgo, C. P. 11520,
Ciudad de México

penguinlibros.com

Diseño de interiores: Penguin Random House / Amalia Ángeles

ISBN: 978-607-384-646-2

Impreso en México – *Printed in Mexico*

Para Grumo, por supuesto

El diccionario de la Academia es el diccionario de autoridad. En el mío no se ha tomado demasiado en cuenta la autoridad.

—María Moliner

ÍNDICE

1

«ESTÁ M

ASÍ NO SE D

EL ESPEJIS

DEL ESPAÑOL

AL PORQUE
ICE»:
MO
CORRECTO

Ozpañol

—Más bajo, querida —pidió él—.
Si hablas tan alto te oirán, y eso me arruinaría.
Todos suponen que soy un Gran Mago.
—El maravilloso Mago de Oz,
L. Frank Baum

Imagina que vives en la Tierra de Oz, ese lugar legendario escrito por L. Frank Baum, habitado por humanoides de baja estatura, brujas blancas o verdes y monos voladores, todos bajo el gobierno del maravilloso Mago de Oz. Este ser misterioso ejerce una autoridad benigna pero implacable, y tú, como los demás, obedeces lo mejor que puedes, aunque siendo sinceros no es que sepas muy bien por qué, por impulso moral, porque así te han dicho que debe ser, por miedo... Sabrá Oz. Al Mago nunca lo has visto. Cuentan los rumores que se aparece como una enorme cabeza voladora envuelta en humo y que puede escupir fuego a voluntad. No te consta, pero prefieres no arriesgarte a hacerlo enojar. No quieres estar en contra del Mago, por tu bien y por el del resto; lo admiras y le temes, aunque la frontera entre ambas no la tengas muy clara tampoco. En general, prefieres no pensar en ello. Ahora: el autor de la novela no lo menciona en sus libros, pero en la Tierra de Oz se habla, naturalmente, *ozpañol*. Imagínate que eres hablante nativo(a) de esa lengua ficticia y de ninguna forma relacionada con el mundo real. Aprendiste a hablarla en casa, como todo mundo. Luego fuiste a la *ozcuela* y ahí te enseñaron que había una forma correcta de hablar y escribir el ozpañol, y otras tantas formas incorrectas. No te explicaron muy bien por qué, pero como eras muy joven les diste el beneficio de la duda; con el tiempo, simplemente te convenciste. Tienes una idea vaga pero suficiente de que obedecer «facilita la comunicación» y de que desobedecer entraña algún riesgo, pero sobre todo te preocupa —te aterra, en realidad— la idea de que otros habitantes de la Tierra de Oz te asocien con el sector de gente que habla o escribe un ozpañol incorrecto, que te tomen por una persona maleducada, descuidada y, por extensión, incompetente para todo lo demás (Oz no lo quiera). Por eso, por lo general tratas de distanciarte de *esas personas*. Es más, hubo una vez en la que @Ozcar0479830 dejó un comentario grosero en tu post de Oztagram y le contestaste que cierto verbo se conjuga de esta forma y no de la otra, y que si quería criticarte más le valía primero aprender a escribir correctamente el ozpañol. Fuera de ese episodio, sin embargo, vives tu vida sin preocuparte mucho por el tema. A fin de cuentas, no te licenciaste en Lengua y Literatura Ozpañolas. Tu papá quería que estudiaras algo que sí te diera de comer. Pero ésa es otra historia. La cosa es que un día estás viendo tu teléfono mientras estás en el baño —¿demasiados detalles ozcatológicos?— y, en uno de esos momentos de iluminación que sólo ocurren en estos convenientes escenarios hipotéticos, relees el citado comentario y te preguntas por primera vez por qué será que aquella conjugación, tan odiada, se considera español incorrecto. Sabes que te provoca una cara de fuchi, que te han motivado siempre a evitarla a toda costa, que la Real Academia Ozpañola la condena con vehemencia, y que te hace pensar en «cierto tipo de gente»... Pero ahí, en la vulnerabilidad del retrete, en la inescapable honestidad del sanitario, te das cuenta de que en realidad no sabes *por qué* está mal.

Ahora imagínate que por la ventana se asoma un mono volador y te dice que no, que de hecho él estudió filología ozpañola y se enteró de que en realidad no lo está; que lo «correcto» y lo «incorrecto» son una ilusión, como todo lo que hace el Mago, que de maravilloso no tiene nada, porque (*spoiler alert*, supongo) no es más que un señor de estatura promedio con el ingenio y el presupuesto para engañar a todo mundo con la única intención de conservar algo de poder.

Bienvenido a la resistencia —te dice antes de alejarse volando—: vamos a derrumbar el espejismo de Oz.

Todo por unos *kesos*

Al español o castellano[1] le aqueja una cuestión similar: la gran mayoría de sus hablantes tiene la certeza de que existe una forma *buena* de hablarlo o escribirlo, y otras *malas*. Sin embargo, si un lector con tiempo suficiente y ganas de tratar con gente socialmente incómoda se diera una vuelta por las facultades de lengua o los centros de investigación de

1 En la actualidad, estos dos nombres se usan generalmente como sinónimos intercambiables, si bien en algunas regiones o contextos se prefiere uno o el otro. En algunos países de Sudamérica, por ejemplo, se prefiere *castellano* (al punto de que la materia escolar de lengua se llama así); mientras que, en otros lugares, como en México, *español* es el término estándar. *Castellano* se reserva a veces, de forma indeterminada, para evocar un registro más neutro o formal, o para distinguir la variante española de las americanas. En España, por ejemplo, es común oír *castellano* para fines de desambiguación, dada la existencia de otras *lenguas españolas* (pertenecientes al Estado español) como el euskera y el catalán. A lo largo de este libro utilizaré principalmente *español*, sin mayor motivación que el hecho de que es la opción más común –y por ello más clara– en mi país.

lingüística, notaría que las palabras *correcto, incorrecto, hablar bien* o *escribir mal* no forman parte del vocabulario cotidiano del lugar. ¿Por qué, entonces, esas palabras sí inundan las escuelas? Quizá porque la enseñanza de lengua, tal como la hemos vivido quienes pasamos por el sistema educativo, está más cerca de ser un catecismo secular que un reflejo del trabajo de las y los lingüistas. Este libro tiene —entre otros propósitos de mal gusto que harán enojar mucho a los puristas más rígidos— la intención de acortar la distancia entre quienes *estudian* la lengua y quienes *aprenden* la lengua; en otras palabras, este libro busca demostrarle a cualquier persona que no se encuentre en situación de lingüista que no existe tal cosa como el *español incorrecto*, y que, de existir, sería de hecho la fuerza vital de nuestra lengua.

Pero, para ello, tenemos que hacer primero un veloz recorrido por nuestro objeto de estudio. El español lo hablan más o menos 580 millones de personas —según datos del Instituto Cervantes—, y cada uno de los cinco continentes tienen al menos una región en la que es lengua oficial o coexistente. Es una lengua diversa, en constante cambio y adaptación. Y todo empezó con unos quesos.

Un día del año 975 de la era común, o por ahí, a un clérigo leonés se le encargó la siguiente misión: debía hacer una relación contable de los quesos que el monasterio, llamado «de la Rozuela», había vendido o regalado. No es que en el siglo X abundara el papel, así que el encomendado aprovechó el espacio en blanco de un pergamino, un documento legal en el que constaba una donación de bienes al monasterio, para hacer sus notas. El susodicho documento estaba escrito en latín, porque daba cuenta de una transacción oficial, pero no así el escrito del clérigo, un textito casual, pedestre, de miércoles, que sobrevivió al paso de los siglos como testimonio del milagro: el autor de la *Nodicia de kesos* experimentó, por primera vez en la historia de nuestros registros[2], la gloriosa libertad de escribir como le saliera del ombligo. Sus garabatos cuentan, por ejemplo, cómo un tal abad Jimeno se gastó cinco *kesos* en alimentar a los frailes que trabajaban en la viña cercana, cuatro *kesos* en la visita del rey y un *keso* que le dieron al sobrino de Gómez, quien sea que fuera ese señor. De haber sido aquél un texto importante, de los que se escribían en un latín, digamos, normativo, el clérigo habría registrado un *caseus* para el sobrino de Gómez, y no un *keso*. Pero su *nodicia* no quería impresionar a nadie. Nuestro héroe anónimo no podía imaginarse la importancia de las palabras que escribió igual que uno escribe la lista del súper o un veloz mensaje de agradecimiento para la cadena de WhatsApp de su tía. Libre de ataduras, libre de su cita con la posteridad y libre de los acérrimos defensores del buen latín, que sin duda los había, en esa sencilla notita el clérigo leonés pudo permitirse el desparpajo de ser verdadero.

Los estudiosos no se ponen de acuerdo en si la relación de los quesos es, con precisión, el germen del castellano o del asturleonés, o de ambos o de qué cosa, pero lo que sí tenemos claro es que aquello ya no era latín, mucho menos el latín de los libros y de la gente que tenía una reputación que cuidar; para entonces había nacido, de entre el caldo del desprestigio lingüístico —es decir, la certeza de que tu forma de hablar puede atraer miradas incómodas—, lo que después se convertiría en las llamadas *lenguas romances*, incluida por supuesto esta que compartes con casi 600 millones de hablantes.

2 Los académicos dirían que esto es un poquito mentira, que no es el único registro ni el más viejo, aunque sí uno de los más famosos. Y tendrían razón, pero vamos a fingir demencia para fines dramáticos.

Prestigio (lingüístico). sust. m. Nivel de aceptabilidad social que tiene una variante lingüística entre sus hablantes.

Variante (lingüística). sust. f. (también variedad o modalidad). Forma específica de una lengua, compartida por una comunidad de hablantes vinculados entre sí por relaciones geográficas, sociales o culturales, caracterizada por rasgos comunes.

Si tuvieras la oportunidad de platicar con el español, un señor de diez siglos que goza de envidiable salud, se pondría —como es común en la gente de edad avanzada— a contarte historias de su vida. Te platicaría cómo dio sus primeros balbuceos cuando en la península ibérica, donde nació entre romanos y visigodos, empezaron a ocurrir fenómenos únicos de los que siglos más tarde diríamos «¡ah, típico del español!».[3] Te contaría también de su adolescencia un poco convulsa, esos ocho siglos en los que los pueblos musulmanes y su lengua ocuparon la Península, y en los que el árabe se coló en su ADN, modificando su historia para siempre y dejándonos, entre muchísimas otras, palabras como *azúcar, alfombra, almohada, ajedrez, limón, naranja, zanahoria, azul, taza, alcohol, arroba, zaguán.* Te platicaría de cómo avanzó hacia la madurez de la mano de «los reyes magos de la lengua española» (como los llama la lingüista mexicana

3 Algunos ejemplos: la *lenición* (del latín *lenis*, «débil»), que es como los lingüistas llaman, cuando no quieren que nadie les entienda, al debilitamiento de las consonantes. Esto ocurrió, supuestamente, por influencia de las lenguas celtas que se hablaban en la región antes de la llegada del latín; por ejemplo, muchas *p's* se convirtieron en *b's* (*lupus* > *lobo*) y muchas *t's* se volvieron d's (*catena* > *cadena*). Otro caso: la Península, dada su lejanía de la capital del imperio, siguió usando (y terminó por adoptar) palabras que para entonces los romanos ya consideraban arcaicas; por eso, por ejemplo, decimos *comer* (de la antigua *comēdĕre*), a diferencia de los franceses o italianos que dicen *manger* y *mangiare*, respectivamente (ambas derivaciones de la más moderna *manducare*).

Concepción Company): Fernando III el Santo, que por ahí del año 1227 convirtió en oficial para efectos de gobierno la variante lingüística que se hablaba en el reino de Castilla y León; Alfonso X el Sabio, quien entre 1255 y 1290 promovió, financió e incluso ejerció la cultura y la ciencia hecha en esa lengua; y los Reyes Católicos, Isabel de Castilla y Fernando de Aragón, que la llevaron a nuevos territorios, la convirtieron en la lengua ya no sólo de Castilla, sino de todo el territorio español, y bajo cuyo reinado se escribió la primera *Gramática*, a cargo de Antonio de Nebrija. Evocaría con cierta nostalgia aquellas primeras obras legítimamente escritas con sus recursos, como las *Glosas emilianenses* y, por supuesto, el *Cantar de Mio Cid* y te presumiría otra de sus anécdotas definitivas —su «evento canónico», como diríamos hoy en día por influencia de cierta película multiversal del Hombre Araña—: su viaje al continente americano, donde radican ahora el 90% de sus hablantes, y donde se revitalizaron usos antiguos y se inventaron nuevos, como el voseo informal, el pronombre *ustedes*, la preferencia del pasado simple sobre el compuesto y muchos, muchos más. Quizá haría un repaso por el inventario de otros idiomas de los que ha bebido su vocabulario: el francés (*amateur, filete, beige, menú, buró, champaña, hotel,* etcétera), el euskera (*aquelarre, bandera, boina, chaparro, lagaña, mochila, izquierda,* etcétera), el italiano (*chau, capo, barista, alarma, balcón, bagatela, ópera,* etcétera), el alemán (*blanco, bosque, guerra, tapa, vals, embajada, brindis,* etcétera), y por supuesto, en tiempos más recientes, el inglés (*ok, sándwich, clip, wifi, hotdog, réferi, bullying, mail, spoiler, crush,* etcétera), aunque este último lo mencionaría dándote un codazo cómplice y una sonrisa porque sabe que este hecho escandaliza a mucha gente. Y, al final, te diría: «y mírame, aquí seguimos sin un solo achaque».

A lo largo del tiempo, pues, el español ha sido muchas versiones de sí mismo, de la misma forma en la que lo es hoy en día a lo largo de la geografía. En España, Filipinas y Guinea Ecuatorial la segunda persona del plural es *vosotros*; mientras que en el resto del mundo hispanohablante es *ustedes*. En Argentina el *tú* se dice (y se conjuga) *vos*, y *pollo* se pronuncia */posho/* (lo que los fonetistas llaman *yeísmo rehilado*). En Estados Unidos «te devuelvo la llamada» se dice «te llamo pa'trás» (*I'll call you back*). En Cuba, como en muchos otros lugares (misteriosamente, la mayoría con salida al mar), la letra *s* al final de una palabra se escribe, pero en la oralidad desaparece. Y los chilenos... Bueno, los chilenos merecen un libro aparte. Todo esto sin contar la abrumadora cantidad de diferencias de vocabulario entre cada región de habla hispana: las *palomitas* de maíz, por ejemplo, se llaman así en México, pero tienen un nombre distinto casi que en cada país y otro casi exclusivo para el doblaje (las muy socorridas «rosetas»). En realidad, si nos pusiéramos a considerar cada una de las convergencias y divergencias entre variantes nos pasaría como a quien repite una palabra tantas veces que esta acaba por perder sentido: terminaríamos por descubrir (y esto es un vistazo al capítulo 4) que eso que llamamos *español* en realidad no existe, que no lo habla nadie, y que no es sino apenas una abstracción, necesariamente imaginaria, porque lo que hablamos los hispanohablantes del mundo real son manifestaciones particulares —geográficas, temporales, sociales y hasta individuales— de esa abstracción.

¿Cómo determinar entonces cuál de todas esas versiones del español es la *correcta*?

Jirafas sin manchas

Spoiler: no se puede. O no con una base científicamente sólida, al menos. Pero para entender el porqué necesitamos ponernos en modo lingüista.

Lingüística. sust. f. Disciplina científica de las ciencias cognitivas que estudia el origen, la evolución, la estructura y las variaciones del lenguaje en general, y la lengua en particular. Ocasionalmente, y con éxito variable, funciona también como pretexto para ligar.

Lenguaje. sust. m. Capacidad humana de comunicarse y expresarse con los demás por medio de sistemas de signos. Ahora siento el compromiso de hacer un chiste aquí también, pero no se me ocurre ninguno.

Lengua. sust. f. Sistema organizado de signos compartido por una comunidad de hablantes. Si te soy sincero, ni siquiera los lingüistas se han puesto de acuerdo en una definición más precisa (es un tema delicado, así que baja la voz), pero esta nos sirve, e incluye desde el español y el náhuatl hasta la lengua de señas mexicana (LSM).

Imaginemos que alguien volvió a hablarte feo en Instagram, pero esta vez en español. Algo en la redacción de su comentario bastó para que lo mandaras a componer su *español incorrecto*. Quizá tuvo la osadía de conjugar el subjuntivo presente del verbo 'haber' con la forma *haiga* (*aiga,* incluso) y no *haya*; quizá añadió una *s* delatora al pretérito del indicativo de la segunda persona (*dijistes, entendistes,* etcétera); quizá utilizó la palabra *ocupar* en su acepción de *necesitar*; quizá dijo *la presidenta* y no *la presidente* (¡acaso no sabe, el necio iletrado, que *presidente* no debe variar por formarse a partir de un verbo!), o quizá, en lugar de *todos* escribió *todes*, esa variante infernal que hace que suene la obertura de Carmina Burana en la parte de atrás de tu cerebro. Quizá, también, haya incurrido en alguna de las muchas «faltas» que condenan los *post* y videos de TikTok que anuncian *Errores que no sabías que cometes al hablar*: por ejemplo, usar la palabra *literal* de forma metafórica (¡es que ya no hay sentido común!), escribir *en base a* y no *con base en* (pecado mortal en las facultades de ciencias sociales) o profanar la impersonalidad del verbo *haber* cuando expresa existencia para afirmar que «*hubieron* muchas personas» en vez de «*hubo* muchas personas»; quizá se le fue una coma entre sujeto y predicado o quizá olvidó la mayúscula de Papa y, a pesar de que el contexto no daba lugar al malentendido, fingiste confundir, por su culpa, al obispo de Roma, vicario de Cristo, sucesor de san Pedro, sumo pontífice de la Iglesia católica, con un tubérculo.

Sobre estos y otros usos socialmente apestados me preguntan con frecuencia en la sección de comentarios de mis videos de TikTok e Instagram. «¿Está correcto?» es la pregunta, o su variante: «¿sí *se dice así*?». De hecho, quienes dan consejos de habla correcta en las redes sociales también suelen frasear su contenido en esos términos: *No se dice así; en realidad se dice asá*. Por ejemplo: «No se dice *haiga*; en realidad se dice *haya*». Y hay que imaginar la contrariedad de una persona estudiosa de la lengua que escucha estas frases, puesto que toda la evidencia (basta salir a la calle y afinar el oído para comprobarlo) apunta a que, en efecto, ambas opciones *se dicen*.

La lingüística utiliza el método científico. La ciencia —según mi definición favorita, original del editor y escritor Tom Phillips— es lo que ocurre cuando tienes una idea a la que le tienes tan poca fe que usas todos los medios a tu alcance para demostrar que es falsa y, cuando no lo logras, resulta que diste accidentalmente con la verdad. La lingüística, entonces, parte de hipótesis, las pone a prueba y saca conclusiones sobre la realidad observable; con ese procedimiento puede explorar interrogantes de todo tipo: ¿de dónde salieron las lenguas?, ¿de dónde salió el lenguaje?, ¿la lengua determina nuestra forma de ver la realidad o es al revés?, ¿por qué el euskera no se parece a ninguna otra lengua conocida?, ¿por qué las mujeres, especialmente las jóvenes, son el grupo poblacional que más empuja el cambio lingüístico?, ¿por qué duplicamos el objeto indirecto y decimos «*le* compré un pastel *a mi mamá*» y no sólo «compré un pastel *a mi mamá*»?, ¿por qué la gente de la Ciudad de México pronuncia el verbo *necesitar* como si tuviera 80% menos vocales de las que tiene (más como *nsstar*)?[4]. Con tantas preguntas estimulantes, la lingüística no tiene ni el tiempo ni el menor interés en emitir juicios de valor; no está en la descripción del puesto. Sería, como dicen los que saben, una «contradicción epistemológica», porque si su trabajo es mostrar la realidad tal como es, no puede partir de supuestos sobre cómo debería ser. Puede resultarnos extraño, porque toda la vida hemos pensado la lengua en términos normativos, regañones incluso, pero la idea queda un poco más clara cuando se la extrapola a otras disciplinas científicas. En estos días, un zoológico privado en Tennessee, Estados Unidos, reportó el nacimiento de una jirafa sin manchas, un suceso que no ocurría desde 1972, cuando pasó lo mismo en Tokio. Podemos suponer que este hecho no convencional despertó un montón de preguntas interesantes para

4 Un saludo a Gabriela Galmos, doctorante en lingüística y querida amiga queretana que me provocó angustiantes minutos de disociación y crisis existencial cuando me hizo descubrir que, en efecto, yo pronuncio de esa forma el citado verbo.

zoólogos y genetistas (igual que debieron hacerlo en su momento Copito de Nieve, el gorila albino, y Tira, la cebra con lunares keniana): ¿cómo y por qué sucedió?, ¿es un evento anecdótico?, ¿o el inicio de un patrón, de alguna forma análogo a otros?... etcétera. Todas dignas de explorar para ampliar nuestro entendimiento del mundo, pero a ninguno de esos científicos se le pasaría por la cabeza la posibilidad de calificar la calidad de la jirafa (anónima a la fecha en que escribo esto porque su nombre se elegirá por concurso... Mi voto lo tiene «Firayali», «inusual» en swahili). A ninguno de ellos se le ocurriría el absurdo de decir que la recién nacida es una *mala jirafa*. Mucho menos se atrevería a afirmar que «no existe». De la misma forma, un lingüista no afirmará que la conjugación *haiga* «está mal», que «no existe» o que «no se dice» (salvo cuando algo, en efecto, *no se diga*, como en el caso de *mjklipl*, un adverbio que significa exactamente nada porque lo acabo de inventar poniendo a Bolillo, mi hámster, encima del teclado). Por el contrario, se hará las preguntas que resulten tentadoras para su profesión, que es justo lo que hicieron en 2013 Sonia Barnes y Mary Johnson, de la Universidad Estatal de Ohio, cuando realizaron entrevistas a un grupo de hablantes de la Ciudad de México y de Monterrey, y encontraron, para hiperventilación de quienes aseguran que «no se dice *haiga*», que el 37% de ellos conjugaba de esa forma. Otras personas especialistas han explorado también el porqué. Resulta que, durante su evolución desde el latín, algunos verbos conjugados en español incorporaron un fonema oclusivo velar sonoro (okey, es la *g* de gato, pero a veces hay que sonar como gente seria): por ejemplo, *hacer/haga* o *decir/diga*. Como se trata de verbos muy usados, los hablantes comenzaron a replicar el cambio en otros verbos de menor frecuencia: *tener/tenga, poner/ponga, valer/valga,* pero también *oír/oiga, caer/*

caiga, traer/traiga y, por supuesto, en algunos lugares y contextos, *haber/haiga*, aunque este último evolucionara mayoritariamente como *haya*.[5] Johnson y Barnes encontraron también que hay variables predictoras en la elección entre *haya* y *haiga*, como la escolaridad —lo que en buena medida revela que en las escuelas se busca inhibir el uso de *haiga*—, e incluso sugieren que podría haber una diferencia de uso dependiendo de si el verbo está expresando existencia o funcionando como verbo auxiliar.[6]

La lingüística moderna, pues, en palabras de los lingüistas Anthony Kroch y Cathy Small, «rechaza por completo el prescriptivismo en el análisis gramatical, y hace bien, ya que el prescriptivismo no es más que una ideología por medio de la cual los guardianes de la lengua estándar imponen sus normas lingüísticas a gente que tiene otras normas que le son perfectamente útiles».[7]

Prescriptivismo. sust. m. (también *normativismo*). Perspectiva lingüística que busca dictar cómo *debe ser* la lengua, por medio del establecimiento de reglas que conformen un estándar.

Descriptivismo. sust. m. (también el *terror de los prescriptivistas*). Perspectiva lingüística que estudia, con base en la ciencia, *cómo es* la lengua efectivamente, en sus diversas manifestaciones.

---

5 Esta alternancia ni siquiera tiene el mérito de ser original: el verbo *roer*, aunque ciertamente de mucho menor uso en el habla común, alterna las conjugaciones *roya*, *roiga*, y hasta una tercera, *roa*.

6 Por ejemplo, es posible que algunos hablantes digan «no sé si **haya café** en la alacena», pero también «avísame cuando **haigas terminado**».

7 Todas las traducciones de textos en otras lenguas, salvo cuando se especifique lo contrario, son mías.

Las y los lingüistas, pues, son entusiastas de la lengua, no su cuerpo policiaco. Por eso, salvo por el despistado ocasional, rara vez son fans de las palabras *correcto* e *incorrecto*, y por lo general prefieren otras: *gramatical/agramatical*, por ejemplo, cuando un uso se ajusta o sale por completo de las convenciones usuales de una lengua o un dialecto; el académico mexicano José Moreno de Alba proponía *ejemplar/no ejemplar* (en el sentido de que un uso sirve como ejemplo de un habla general o específica, aunque tiene el inconveniente de que la palabra *ejemplar* podría entenderse en su connotación de «bueno»). Los traductores, por nuestra parte, usamos otra dicotomía, que me parece mucho más perspicaz, especialmente en el ámbito pedagógico: *adecuado/inadecuado*. La ventaja de esta última opción es que obliga a explicar adecuado o inadecuado a qué; es decir, obliga a incluir el contexto. Escribir «salu2» puede no ser adecuado en una hoja membretada, pero sí en el chat familiar; y escribir «mis más distinguidos saludos» de forma no irónica sería inadecuado en un comentario de Facebook, pero no en una carta al rector de la universidad. Además, al enmarcar los usos lingüísticos en su contexto, se ahorra la necesidad de pontificar verdades absolutas, que de esas —como veremos a lo largo de este libro— en la lengua son muy pocas, y tratar de entender la realidad lingüística partiendo de ellas es como jugar palillos chinos con guantes de box.

Por supuesto, cuando Don Hispanio Correctillo o Doña Norma de la Academia declaran que «así no se dice», no están realmente sugiriendo que el uso no ocurre de facto (eso los convertiría en negacionistas de primera categoría, terraplanistas lingüísticos), sino que *así no debería* decirse. No están tratando de negar la realidad, sino de revertirla. Muchos de ellos, incluso, con buenas intenciones. La pregunta es por qué.

Si *así no debe decirse* será porque *decirlo así* entraña alguna consecuencia negativa, ¿no? En palabras del lingüista estadounidense Edwin L. Battistella, para el prescriptivismo «la lengua no estándar es fuente de imprecisión y anarquía: un problema lingüístico». ¿Pero cuál es específicamente el problema? ¿Y de dónde lo sacaron? Porque, como acabamos de ver, no fue de la lingüística, ya que a esta no le interesa persignarse a causa de los usos lingüísticos considerados erróneos.

A lo largo de este libro haremos, entre otras cosas, lo siguiente:

- recorreremos los principales argumentos que se esgrimen para condenar a esos pobrecitos parias lingüísticos, esos jinetes del apocalipsis comunicativo, los abanderados del español incorrecto;
- descubriremos, con suerte, cómo esos argumentos suelen ser superficiales, contradictorios o sencillamente falsos, las ilusiones ópticas del gran espejismo de la lengua;
- exploraremos también las motivaciones extralingüísticas que provocan las caras de asco de la gente de bien cuando pasa frente a uno de estos apestados de la lengua y descubriremos cómo el «error», tal como lo entienden los apólogos de la corrección, es el motor de la evolución del español; y
- por último, para que no cunda el pánico y podamos terminar en una nota feliz —a fin de cuentas la lengua es, para quienes nos dedicamos a ella, un lugar feliz—, abordaremos las razones por las que el idioma español está a salvo de cualquier peligro.

En paralelo a lo anterior, este libro quiere ser también una celebración de la diversidad, del festival de policromías que es el idioma, una celebración que el normativismo nos ha negado por décadas; y, al celebrar la diversidad de la lengua, necesariamente (*nssariamente,* ¡ja!) es también la celebración de la diversidad humana.

Finalmente: tengo claro que en el título prometí que este sería un *Manual* pero, siendo sinceros, tiene de manual lo que de ensayo tiene el *Ensayo sobre la ceguera* de José Saramago.[8] Quizá se parezca más a un manifiesto, cobijado por el impulso que me ha llevado a hablar públicamente de la lengua estos últimos años: la voluntad de hacer divulgación. Existe toda una industria editorial de la corrección, encabezada por títulos como *Guía práctica del español correcto* y *El libro del español correcto*, del Instituto Cervantes, y hasta *Español correcto para dummies*, de la famosa serie *...for Dummies*, así que no pasa nada si un librito se insubordina a esa tradición para hablar, no de ese artificio frío y sin alma que es la lengua «correcta», sino de la lengua viva, salvaje, nuestra. Me quedo con el título como una pequeña insurrección, o mejor: una incorrección, la primera. A fin de cuentas, como veremos a lo largo de estas páginas, la lengua es para usarla, no para obedecerla.

8 Famosamente, una novela. Si ya lo sabías, aprovecho esta nota al pie para estrechar vuestra mano, persona de cultura.

2

«ESTÁ M Y PUNTO»: PENSAMI NORMATI

AL

EL

ENTO

VO

Línea del tiempo no oficial y no exhaustiva de «están destruyendo el idioma»

Siglos V-I a. C.	Según consta en tablillas escritas en sumerio, alguien se queja de que los jóvenes están destruyendo la lengua.
Siglos III-IV, aprox.	Un señor llamado Probo escribe su *Appendix* (conocido, por lo tanto, como *Appendix Probi*), el ancestro más antiguo de los videos de TikTok que te regañan por «hablar mal» del que tenemos registro. Se trataba de una lista de correcciones a usos lingüísticos populares que su autor consideraba contrarios al latín correcto... Muchos de los cuales se incorporaron exitosamente a la evolución de las lenguas romances.
1539	Lucio Marineo Sículo, un italiano que formaba parte de la corte de Castilla, se refiere a «la habla que agora los españoles en lugar de romana llaman romance» como lengua «latina corrompida», sólo para afirmar después que donde se habla «mas polida» es en el reino de Toledo.
1635	En Francia, el cardenal Richelieu transforma oficialmente las tertulias de un grupo de señores blancos con capital cultural en la Académie Française, con el objetivo de «proveer reglas claras a nuestra lengua y volverla pura», inaugurando así la tendencia europea a transformar las tertulias de grupos de señores blancos con capital cultural en academias con el objetivo de velar por la «pureza» de la lengua.

1660	George Fox, fundador de la Sociedad Religiosa de Amigos (comúnmente conocidos como «cuáqueros»), afirma que el uso del pronombre *you* para la segunda persona del inglés, en lugar del entonces todavía usual *thou*, tenía como base el orgullo y el pecado y que era propio de «tontos e idiotas». En la actualidad los presuntos tontos e idiotas suman 1400 millones en todo el mundo, pues tal es el número de gente que tiene el inglés como primera o segunda lengua, y prácticamente todos usan el pronombre *you*.
1711	El escritor irlandés Jonathan Swift, famoso por su ejemplarmente mordaz *Modesta proposición* (1729), hace otra, pero esta vez en serio: sugiere crear una academia de la lengua inglesa, al modo de la Académie Française, que preservara el idioma de la corrupción y el paso del tiempo, pues temía que, de no evitar el cambio, el inglés hablado de su tiempo se volvería obsoleto e incomprensible en el futuro. Por una combinación de coyunturas políticas y falta de apoyo, el proyecto no prospera. El texto, por cierto, se llama *A Proposal for Correcting, Improving and Ascertaining the English Tongue* y es perfectamente comprensible para el angloparlante contemporáneo.
1713	Por iniciativa de Juan Manuel Fernández Pacheco y Zúñiga, octavo marqués de Villena, se funda en Madrid la Real Academia Española. Dos años más tarde, se decide su famoso lema, «Limpia, fija y da esplendor», que durará hasta entrado el siglo XXI, donde igualmente podría funcionar como eslogan de *spray* para el cabello.
Siglos XVIII-XIX	Dada la hegemonía cultural de Francia, tiene lugar un ardiente debate intelectual en torno a la introducción de palabras del francés en la lengua española. Muchos puristas consideran que debe cerrarse la entrada indiscriminada de galicismos, ya que el español podría desvirtuarse y perder su esencia. Hoy en día, según un estudio de Recaredo Argulló, el español cuenta hoy con más de 6 mil palabras de origen francés tan sólo en el ámbito científico (es decir, sin contar *menú, chofer, gabinete, baguette, ballet, bombón, élite, chef, jamón, zigzag,* o *cliché*, esta última muy útil para describir esa tendencia a creer que los préstamos de otras lenguas van a destruir la propia).

Principios del siglo XX	Diversos autores latinoamericanos se pronuncian en contra del *voseo* en Argentina y en otras regiones de Sudamérica. Andrés Bello y Rufino José Cuervo lo califican de «vulgaridad»; Arturo Capdevila, «la viruela del idioma», de «ignominiosa fealdad»; Miguel Lope Blanch, «rígido arcaísmo»; y Ramón Menéndez Pidal, «degradado y degradante». Más tarde se publica en Argentina el *Manual de Instrucciones de Radiodifusión*, en el que se considera el uso de *vos* en lugar de *tú*, como pronombre de segunda persona del singular, una «desfiguración sistémica del idioma nacional». A finales del siglo XX, la Real Academia Española incluye el virulento voseo y sus conjugaciones en su ilustre Gramática, y hoy en día su uso es generalizado y normativo en varios países, como Argentina y Uruguay.
1916	Emilio Cotarelo y Mori, académico de la RAE, se refiere al verbo *independizarse* como «esperpento gramatical y léxico», haciendo eco de la resistencia académica a incluirlo plenamente en su diccionario a pesar de su extendido uso en la América hispana (recién independizada). No es necesario, afirman los académicos españoles, porque ya existe el verbo *emanciparse*. Hoy en día, tanto *emanciparse* como *independizarse* son de uso común y están en los diccionarios como si nada.
1930	En Estados Unidos, los manuales de etiqueta advierten contra el uso de la palabra «hello» para contestar el teléfono. «Hello» es ahora la forma estándar para saludar en inglés, ya sea por teléfono o en vivo, además del título de una canción de Adele.
1976	Lázaro Carreter, director de la Real Academia Española, se pronuncia en contra del uso de la palabra «vale», como expresión de asentimiento o conformidad, por considerarla un «machaconeo avulgarado» que disminuye el idioma y cuya única utilidad es cerrarle el paso a una alternativa todavía peor: el *ok*, proveniente del inglés. A diferencia de don Lázaro, que falleció sensiblemente en 2004, tanto *ok* como *vale* gozan, al día de hoy, de cabal salud.
1988	El grupo musical Mecano graba la canción «La fuerza del destino»; en un verso, Ana Torroja canta «tú *contestastes* que no», lo que le atrajo una gran cantidad de críticas que la persiguen hasta el día de hoy.

2014	La editora española Carmen Mañana afirma que la palabra *bizarro* se usa de forma errónea, porque en español esta significa «valiente», y no «extravagante o extraño», como en inglés. Siete años después, «extravagante o extraño» es el principal significado usual de la palabra *bizarro*.
2016	La Real Academia Española lanza la campaña «Lengua madre sólo hay una», que –en sus palabras– busca «luchar contra los anglicismos de una manera original y atrevida; la primera campaña invadida de inglés, contra la invasión del inglés». En ella se anuncian productos, como un perfume con aroma a cerdo o unos lentes completamente oscuros, pero con nombres en inglés, bajo el supuesto de que la gente los compraría únicamente porque estaban escritos en ese idioma. Todo muy *cool*, cero *cringe*.
2019	En México, Moisés Cervantes se desconcierta porque su tía «ocupa» ayuda, en lugar de necesitarla. En España, la Real Academia Española incluye la secuencia *uwu* en su Observatorio de palabras. Comienza la pandemia de COVID-19. Fue un año raro para todos.
2020	La Real Academia Española afirma en Twitter que el uso de la letra *e* como marcador de género neutro es «ajeno a la morfología del español, además de innecesario». Quienes decían *todes* se arrepienten de sus pecados y enderezan el camino. Una de estas dos afirmaciones es falsa.
2023	En México, una nueva edición de los Libros de Texto Gratuitos de la Secretaría de Educación Pública incluyen la descripción de usos no estándar de la lengua, como la conjugación *dijistes* o la duplicación de posesivos (*su casa de ella*), junto a los usos tradicionalmente normativos. Esta medida, aunque consistente con la naturaleza descriptiva de la lingüística moderna, provoca escándalo nacional, y un canal de televisión califica los nuevos materiales educativos como «libros comunistas».
2024	En su texto «El español se desangra», la escritora Ligia Urroz se queja de que los jóvenes están destruyendo la lengua.

Normativitis

Una cosa queda clara de la historia de las lenguas: salvo en contadas excepciones, si hay algo que el normativismo lingüístico sabe hacer, es perder. Las lenguas mutan a pesar de los entripados de sus mal correspondidos defensores, se convierten en nuevas versiones de sí mismas, y a veces en lenguas nuevas.

Las normativas pueden tener sus usos, claro. Cuando los idiomas son muy jóvenes, pueden servir para poner un poco de orden en los acuerdos entre hablantes y encauzar la evolución posterior, sobre todo en el terreno de la escritura; también pueden ser útiles para cerrar filas, por vía de la estandarización, en las lenguas en peligro, y algo de disciplina no viene mal en las etapas más tempranas de la alfabetización y hasta en el aprendizaje de idiomas extranjeros. Muchas veces se me ha acusado (como, por lo demás, se ha acusado a incontables lingüistas desde los albores de la disciplina) de estar «en contra de las reglas» y, aunque me encantaría corresponder a esa imagen mucho más sexy de mi persona, la realidad es bastante menos divertida: hay «reglas» que tienen sus usos y sus momentos. Pero entonces, ¿cuál es el problema?

Hace muchos años —entonces vivía en casa de mis papás— estaba acostado en mi cama leyendo una novela cuando llegó de visita un amigo de mi hermano (llamémosle «El Christian») que de inmediato me preguntó, contrariado: «¿por qué estás leyendo si son vacaciones?». La duda del Christian —que, por otro lado, tiene todo el derecho del mundo a no disfrutar la lectura— era fruto de haber interiorizado la idea de que leer no es algo que se haga por razones ajenas al deber, como el placer o el ocio: si alguien tenía un libro en la mano, sería porque detrás tendría la mirada vigilante de una regla. Algo similar ocurre con la forma en que pensamos la lengua en la cotidianidad. Parecería que si hablamos como hablamos y escribimos como escribimos es porque existe una regla que así lo dicta. En realidad, al menos hoy en día, es exactamente al revés; las convenciones se crean, por lo general de forma espontánea, y después alguien las registra. La norma lingüística es entonces como ese amigo del grupo de WhatsApp que contesta la conversación días después, cuando ya todos se habían puesto de acuerdo: la convención antecede a la regla. De eso se dio cuenta la lingüística cuando adoptó la perspectiva científica a principios del siglo XX, y ya desde entonces por aquí y por allá emergemos de vez en cuando profesionales de la lengua importunando a las buenas conciencias como monos voladores que se cuelan por la ventana de tu baño para decirte «psst, psst, no hay correcto ni incorrecto; no tiene caso enseñar así la lengua».

A pesar de ello, la idea de que la lengua debe enseñarse y pensarse *correctamente* resistió a tal punto que hoy en día quizá la lingüística sea la única de las disciplinas científicas que, en pleno siglo XXI, sigue enseñándose principalmente en términos normativos. Las escuelas no enseñan cuánto debe ser 2 + 2, sino cuánto es; no cómo debería ser el ciclo del agua, sino cómo es; no cuál es la mejor reacción química, sino cuáles son las posibilidades dependiendo de los factores en juego; no cómo tendría que haber sucedido la Segunda Guerra Mundial, sino cómo ocurrió efectivamente; sin embargo, sí que enseñan cómo «se debe hablar», y sin siquiera ofrecer la evidencia que ofrecerían para explicar el número 4, el ciclo del agua, las reacciones químicas y la ocupación alemana en Polonia, sino apenas una costumbre, una apelación al «buen gusto» (generalmente cimentado en las preferencias de las élites y no en la observación científica), o el miedo al resquebrajamiento del idioma (del que hablaremos en el capítulo 8).

Quizá sea que el normativismo tiene una tradición profunda (las primeras gramáticas de muchas lenguas occidentales nacieron bajo esa premisa); quizá a los lingüistas les han faltado el ingenio o la necedad necesarias para convencer al gran público; quizá las personas encuentran un sucedáneo de estabilidad en las «reglas» lingüísticas y no están dispuestas a dejar ir tan fácilmente tremendo asidero emocional; quizá las reglas permiten a unos sentirse superiores a otros y la perspectiva científica de la lengua les resulta amenazadoramente democrática. Lo cierto es que, entre muchísima gente, incluidos los Don Hispanio Correctillo y las Doña Norma de la Academia que hacen contenido «lingüístico» en internet, sigue vigente la idea de que hay formas correctas e incorrectas de hablar español, y que hay quienes no saben hablar su propio idioma. Es casi una cuestión de «cultura general»; pero, en este caso, *general* quiere decir la versión híper simplificada de un área especializada del saber sobre la que, por diversas razones, nunca profundizamos, y de la que por lo tanto nos quedamos con una visión parcial y, en el peor de los casos, errónea. No es que no pase de vez en cuando en otras áreas del saber: en mi país, cuando cursas la educación primaria, aprendes que un cura llamado Miguel Hidalgo y Costilla fue el héroe que una mañana de septiembre de 1810 inició la guerra de independencia de esta gran nación llamada México, motivo por el cual se le apoda «el Padre de la Patria». Ésa es la idea, de hecho, que tienen muchísimos mexicanos adultos que pasaron por la escuela. Si uno se toma el tiempo de escarbar en los hechos tal como los historiadores los han registrado, se entera de que el cura Hidalgo no sólo no tenía entre sus prioridades la fundación de la nueva nación emancipada de España, sino que entre las cosas que arengó en su famoso «grito de Dolores», el llamado a las armas, están los vivas al mismísimo rey español, Fernando VII, porque su principal preocupación era que el territorio mexicano cayera en manos del impuesto José Bonaparte, que en ese momento gobernaba España con la venia (y el ejército) de su famoso hermano Napoleón, y el plan de Hidalgo se parecía más a ofrecerle a Fernando VII la corona de un México libre de injerencia francesa y, de paso, mejorar la condición sociopolítica de los criollos como él. Si bien es cierto que en etapas tempranas de la educación vale la pena mantener las cosas simples y fáciles de digerir, conforme los años de estudio avanzan, en teoría el conocimiento debería ir abarcando al menos algunas de esas especificidades. Cuando esto no ocurre, las razones pueden variar; en el caso de la historia nacional, la omisión puede ser por incompetencia (la educación falla en enseñar los hechos) o por diseño (la educación esconde los hechos deliberadamente para mantener una imagen positiva y ergonómica que convenga a un proyecto de patriotismo, por ejemplo). Algo similar ocurre, a pesar de los esfuerzos de la ciencia lingüística, en el caso del «español correcto».

La cuestión es que tanta insistencia en enseñar y pensar la lengua bajo ese filtro prescriptivo ha dado como resultado que se termine por confundir la normativa con la lengua en su totalidad: creemos que aprender de lengua es aprender reglas y que si nos comunicamos es sobre todo porque las obedecemos. La realidad es otra: la normativa es apenas un piso del gran edificio que es la lengua, y ni siquiera el mejor cimentado, como iremos descubriendo, ni mucho menos el de mejor diseño de interiores. Podríamos ir más lejos, incluso, como hace el lingüista colombiano José Felipe Pardo Pardo, quien afirma que «[e]l prescriptivismo y la lingüística solo tienen en común el que ambos se ocupan del lenguaje. De ahí en adelante solo hay diferencias». El primero busca establecer las reglas del «buen hablar»; la segunda, describir la realidad y producir conocimiento teórico y práctico.

Mientras que la lingüística responde a la pregunta de *¿cómo se dice?*, el normativismo responde a la de ¿cómo debe *decirse?*. El problema es que lo que constituye ese «buen hablar» y las razones para elegir el modelo «correcto» a imitar —como anota Pardo Pardo— rara vez responden a un criterio basado en observar la evidencia comprobable, sino a criterios más guangos como el prestigio, el «buen gusto», la predilección por ciertos grupos de hablantes e incluso de figuras «de autoridad» (escritores famosos, por ejemplo), o ya de plano criterios que todo el tiempo se contradicen entre sí (como veremos en los siguientes capítulos).

El normativismo no es científico, pues, y a ese pecado hay que sumar otro: con el tiempo de acción suficiente, se vuelve jerarquizante; porque cuando no está confundiendo la norma con la lengua en su conjunto, está atribuyéndole al español normativo valores de superioridad. No importa que sus bases no sean sólidas o razonables: déjalo actuar a sus anchas y un par de generaciones después tendrás hablantes de primera y segunda categoría: los que se adscriben a las reglas, que suelen ser quienes tuvieron la fortuna de crecer en entornos donde se habla la variante más prestigiosa de una lengua y además tuvieron acceso a servicios educativos que enseñan también esa variante, en forma de *corrección*; los que presuntamente «no saben hablar su propio idioma» y que guardan una sospechosa coincidencia con los grupos que los hablantes tienden a marginar en otros terrenos, como el poder adquisitivo, la edad o el color de piel.

En resumen, el problema no son las «reglas». Este no es un libro contra las clases de lengua, sino contra un punto de vista que las contamina y merma su potencial. El problema es la perspectiva regulatoria totalizadora. El enemigo no son *las normas*, sino la «normativitis».

Normativitis. sust. f. (a partir de *norma*, «regla que debe seguirse») y el sufijo *-itis*, que indica exceso respecto al concepto que acompaña). Exceso o inflamación del normativismo lingüístico.

Así se dice y punto... O no

Cuando se ve el mundo con los ojos infectados de normativitis, se pierde de vista una parte del panorama, y a veces, para el afectado, esa ceguera parcial resulta en un retorcido motivo de orgullo. Cuando hablo de usos no estándar, recibo con desconcertante frecuencia algún comentario como estos: «está mal ¡y punto!» o «es un error ¡y punto!» (irónicamente, rara vez la puntuación de estos comentarios coincide con lo que exige la norma). Ese «¡y punto!», tan ufano, tan categórico, no es más que todo el peso de la educación normativista —confundida, por costumbre, con el sentido común— cayendo sobre quien ose ponerla en tela de juicio. En lógica, a esta clase de respuesta se la llama *falacia de ignorancia invencible,* un nombre que, si me lo preguntan, la hace sonar bastante más interesante de lo que representa: el interlocutor se niega a aceptar una conclusión, pero tampoco ofrece argumentos razonables (o argumentos, a secas) para contradecirla; es lo que llamaríamos, con menos elegancia pero con más claridad, un berrinche, pero nos interesa porque ejemplifica uno de los síntomas de la normativitis: la ausencia de pensamiento crítico (... ya no digamos de autocrítica), o peor: la sustitución del pensamiento crítico por una rabieta.

Cuando se ve la lengua tan sólo como una colección de reglas que hay que seguir, se pierde de vista el contexto, que es una parte fundamental de la comunicación —tanto así que hay una rama entera de la lingüística dedicada a estudiarlo—.

Pragmática. sust. f. Disciplina lingüística que estudia la relación entre los enunciados y su contexto. (¿O a poco creías que todo empezaba y terminaba en el diccionario?).

Por ejemplo —y hablando de puntos—, toooodo el mundo sabe que la regla dicta que al terminar un enunciado —una idea completa— hay que escribir un punto y seguido o un punto y aparte, según sea el caso. Simple y fácil de seguir para mantener la armonía de las cosas del mundo y la felicidad de sus habitantes.[9] Sin embargo, resulta que se han realizado estudios, como el dirigido por Celia Klin en la Universidad de Binghamton, que desordenan un poco la utopía. Klin y compañía estudiaron la percepción que tenía una muestra poblacional del uso de puntos en servicios de mensajería virtual, y descubrieron que, contrario a lo que ocurre en papel, los hablantes (escribientes, en este caso) consideran «menos sincera» una oración terminada en punto que una que simplemente carece de puntuación. El estudio se realizó en inglés, pero no es difícil extrapolarlo al español; basta preguntarse, en el contexto de una conversación de WhatsApp o Telegram, qué respuesta a la pregunta «¿entonces estamos bien?» te dejaría más tranquilo: «Estamos bien» o «Estamos bien.». Es muy probable (sobre todo

9 Contrario a lo que sugiere este ejemplo, la mayoría de los usos marginales sobre los que hablaré a lo largo del libro pertenecen a la lengua oral. La escritura, al ser una tecnología, es artificial (una inmensa cantidad de lenguas habladas en el mundo carecen de un sistema de escritura, sin mayor perjuicio), y por lo tanto tiende a ser más fácil de controlar y, en consecuencia, más conservadora. No obstante, la generalidad de los postulados respecto a la variación y al contexto, tanto de la lingüística en general como de este libro en particular, son aplicables a los usos cotidianos de la escritura, y por esa razón acudiré a ejemplos de ese terreno cuando resulte pertinente.

si eres una persona joven) que la segunda te haya parecido más categórica, menos amable.

Todo indica que, dado que en este tipo de comunicación las ideas se transmiten de forma fragmentaria, por lo general en frases pequeñas y a falta de otros recursos como la entonación o el lenguaje corporal, tendemos a atribuirle significado a la presencia o ausencia de los recursos que sí tenemos a la mano (¿te ha pasado que una persona que siempre usa muchísimos emojis de pronto te manda un mensaje sin uno solo? ¿Estará enojada?). En este caso, el recurso es la puntuación y funciona de la misma manera: enviamos los mensajes en pedacitos, como si fueran subtítulos, y por ende usamos menos los puntos; en consecuencia, cuando llegamos a usarlos, esa situación «anómala» adquiere significado («uy, qué serio», esencialmente).

Alguien cegado de normativitis pensaría que usar el punto *está bien* y que no usarlo *está mal*, porque «así dice la regla», y desacreditará el contexto por completo —la informalidad inherente a WhatsApp, sumado a lo ya dicho sobre cómo reacciona un lector a la puntuación en esa situación—, lo relegará al terreno de las etiquetas: *coloquialismo, barbarismo, vulgarismo, modismo,* etcétera. Y, sin embargo, en un mensaje de texto instantáneo, si uno quiere que su comunicación sea efectiva y que su afirmación se transmita sin una solemnidad involuntaria, quizá la mejor idea sea ignorar la regla académica de la puntuación.

A mis alumnos de traducción les pongo un ejercicio: el gobierno de San Luis Potosí tuvo la idea de rotular las patrullas de la policía con la palabra «Poli**Sí**a», haciendo un juego de palabras con la última sílaba del nombre del estado y, claro, del adverbio de afirmación. Dejaremos a los publicistas (y al público) la decisión de si el chiste es ingenioso o no; el caso es que ahí hay un uso no normativo de la palabra *policía,* un error de ortografía en toda regla (como la reacción de las redes sociales se encargó de dejar en claro). El pobre traductor que se viera en la hipotética circunstancia de traducir a otro idioma esta campaña, tendría dos opciones: neutralizar el error, «porque va contra las reglas y las reglas se respetan»; o reproducir en la lengua de llegada los diversos niveles de lectura: la palabra, sí, pero también el juego de palabras y el tono insurrecto que conlleva (y que es parte clave del mensaje). Ahí no dice *policía* (cuerpo de seguridad local), sino *Poli***Sí***a* (cuerpo de seguridad local de San Luis Potosí que además de cuidarte es *cool* y hace chistes). Si se tradujera sólo la primera opción para honrar la regla, ésa sería una traducción a medias.

Volvamos al ejemplo del capítulo anterior. Al defensor de la normativitis le da lo mismo el origen, la evolución y los contextos de la forma verbal *haiga* —temas todos que no sólo son interesantes en sí mismos, sino que enriquecen nuestro conocimiento de la lengua y, en el salón de clases, pueden dar lugar a conversaciones estimulantes sobre el valor social que le damos a los usos lingüísticos—. «Está mal ¡y punto!», dirá. Pero ésa será su última respuesta confiada. Si se le acorralara (imaginariamente, claro; ningún normativista fue lastimado en la escritura de este libro, salvo en sus sentimientos, quizá) y se le pidiera que explicara por qué «está mal», se encontraría, al buscar en su fuero interno, con que «¡y punto!» es casi lo único que tiene. Tal vez alcance a esbozar alguna hipótesis sobre el sonido de la palabra o alguna apelación a la autoridad (como las que analizaremos en los siguientes capítulos), pero serán sólo eso, hipótesis, salvavidas improvisados, porque la triste verdad es que la normativitis —que tanto exige de él— no correspondió a su devoción brindándole las armas para combatir a los herejes de la lengua. No le explicó jamás por qué *haiga* «está mal»; le entregó el aviso, le dio una palmada en la espalda, y se fue a seguir haciendo sus cosas. La normativitis jerarquiza, inhibe el pensamiento crítico y, en el fondo de todo eso, carece de respuestas, porque no las busca, porque no las necesita; más que el conocimiento, le interesa su propia supervivencia. La normativitis es un punto final. La lingüística es un signo de interrogación.

3

«ESTÁ M NO TIENE S

LA RELACIÓN ENTRE LA L Y LA LÓGICA

AL PORQUE
ENTIDO»:
TÓXICA
ENGUA

Este apartado es, literal, demasiado fantástico...

El otro día, apenas di por terminada la clase, una alumna le dijo a su compañera: «oye, acompáñame a la cafetería porque literal me estoy muriendo de hambre», y nadie de quienes la escuchamos se preocupó particularmente. ¿Será que estamos a tal punto deshumanizados por las noticias de este siglo convulso que la posible muerte por inanición de una joven promesa de la traducción literaria nos dejó así de indiferentes? Tal vez eso piensen los autores del carrusel interminable de tiktoks que condenan el uso figurativo de la palabra *literal*. «Literal o *literalmente*» dice uno de esos videos, «debe usarse exclusivamente cuando se dice o se escribe algo tal cual como pasó, sin exageraciones, sin agregarle algo nuevo, sin frases metafóricas ni de forma figurada». Otros van más allá y atacan a quienes contradicen esta «regla», acusándolos de la banalidad de montarse en la moda de hablar de esa manera. Para ser una moda, eso sí, ya duró lo suyo, porque desde 1886 tenemos registro del uso figurativo del adverbio en cuestión, cuando Emilia Pardo Bazán escribió en su novela *Los pazos de Ulloa* que «Don Eugenio, el abad de Naya, se abría literalmente de risa» (*spoiler:* el abad está entero y bien, muchas gracias).

Algunos argumentan que una palabra «no puede» o «no debe» significar lo que significa y también su contrario. Esto debió caerle como balde de agua fría a otras palabras autoantónimas, como el verbo *rentar* —o *alquilar*, en otros lugares— que significa ofrecer en renta algo que posees («le estoy rentando mi departamento a mi sobrino») y obtener en renta algo que no posees («no tenía smoking para la fiesta, así que tuve que rentarlo»). Por fortuna, de esto no se enteró el italiano, una lengua a todas luces fuera de sus cabales porque tiene una misma palabra para los actos antónimos de saludar y despedirse («*ciao*»); o el aún más chiflado francés, que tiene una misma palabra, *personne*, para referirse a una persona («*je suis une personne*», «soy una persona») o, válganos el cielo, ¡a la ausencia de personas! («*personne n'est encore arrivé*», «nadie ha llegado todavía»). Hemos de suponer que si los defensores de la lógica no se habían percatado de estos usos contradictorios (y sin embargo perfectamente naturales y hasta normativos para los hablantes de estas tres lenguas) es porque están muy ocupados luchando contra el uso figurativo de *literalmente*, pero que, apenas ganen esa guerra, irán contra ellos, ya que su cruzada es la del sentido común.

Otros afirman que la palabra *literal* no debe usarse de forma metafórica porque su trabajo es precisamente el de desactivar las metáforas. Eso tendría sentido sólo si fuera el único recurso que tenemos para separar el uso figurativo del estrictamente referencial, pero no suele ser el caso. Cuando mi alumna dijo «literal me estoy muriendo de hambre» sin asomo de alarma o urgencia real, con un tono más parecido al que usamos para decir «hace siglos que no te veía» que el que acompañaría otras como «se me rompió la fuente» o «mi hermano se cayó», el resto de los presentes entendimos de inmediato —como cualquier hablante sensato— que su uso de la palabra *literal* era retórico. ¿Cómo lo logramos? Gracias a su majestad, el contexto[10]: gracias al mismo proceso mental por el que, cuando alguien dice «¡tu camisa está increíble!», no imaginamos que el enunciante está teniendo problemas para creer que mi camisa exista en la realidad material, sino que la considera muy bonita. Bajo la devastadora primacía del contexto, ¿qué nos haría pensar que *literal* goza de algún privilegio; que ella, a diferencia de otras palabras, no puede ser utilizada para fines de énfasis o exageración?

En esa misma frase tenemos un verbo denso y lúgubre, *morirse,* cuyo trabajo es precisamente el de desactivar la idea de la vida; y, no obstante, a nadie le da la impresión de que la frase «estoy muerto de cansancio» desvirtúe el significado, tan necesario, de *morir,* ni que de pronto ya nada signifique nada y dejemos de entendernos por completo. De hecho, cuando digo «a *nadie* le da la impresión», podemos conceder que de hecho alguien podría, en efecto, tener esa impresión (dado que no he conducido un estudio riguroso con la totalidad de hispanohablantes que habitan este planeta), pero que en realidad no importa, porque usé la palabra *nadie* (cuyo trabajo es, diríamos, desactivar la idea de *alguien*) de forma hiperbólica.

En términos lingüísticos, lo que está ocurriendo con *literal* / *literalmente* es un proceso conocido como *deslexificación* o *decoloración semántica*.

10 Quizá sea necesario aclarar a los defensores de la referencialidad, asimismo, que no estoy a favor de la existencia de las monarquías, y que también aquí el uso de «su majestad» es retórico.

Deslexificación. sust. f. (también *decoloración semántica*). Proceso por medio del cual el sentido referencial de una palabra o frase se desgasta con el uso –como la ropa– y empieza a utilizarse con algún otro significado, ya sea expandido, diferente, o propio de un contexto lejano al original.

Yo, por ejemplo, tengo una playera promocional de un candidato a presidente que uso como pijama. Como en otras lenguas, hay unas prendas léxicas específicas que a los hispanohablantes nos gusta mucho ponernos y que, de tanto usarlas, se nos decoloran rápido: se trata de aquellas que usamos para mostrar intensidad. Pasó con el ya citado *increíble*, que en principio significaba sólo «imposible de creer» y ahora también «que causa admiración o sorpresa», y también con *fantástico*, que hoy se usa sobre todo en su acepción de «destacable, magnífico» y sólo muy de vez en cuando en la de «irreal o perteneciente a la imaginación». Otro ejemplo es el sustantivo *horrores*, que algunas personas utilizan como sinónimo de «mucho» («¡te extrañé horrores!») y no precisamente para hablar de un sentimiento de miedo y repulsión. Todos estos ejemplos de deslexificación han logrado escapar a la indignación selectiva de Don Hispanio Correctillo, pero con menos suerte ha corrido el pronombre *demasiado*, que entre muchísimos hablantes se ha despintado ya de su sentido original negativo («más de lo necesario o conveniente») y se usa sólo con un sentido enfático, positivo incluso, lo que permite que, en la inmensa mayoría de los casos, la respuesta a la frase «¡te amo demasiado!» sea «yo también a ti» y no «necesitas terapia». Entre otras razones, este fenómeno ocurre porque a veces los hablantes usamos estos intensificadores no sólo por su significado, sino por el valor expresivo que aportan a la frase. Al abordar el fenómeno en inglés, la lingüista estadounidense

Valerie Fridland lo pone en los siguientes términos en su libro *Like, Literally, Dude*: «*los intensificadores expresan nuestra convicción respecto a lo que comunican, o la importancia que le damos a algo. Entre más seguro o comprometido suenes, más probable es que los demás se traguen completito lo que les estás diciendo*».

Esta clase de sutilezas, claro, la normativitis no permite verlas; sus adeptos se amurallan en la defensa de la lógica, aunque a todas luces no sea el único motor de la lengua, y aunque otros fenómenos idénticamente «ilógicos» no merezcan sus quejas. Literalmente, están viendo y no ven.

... Y en este otro hablamos de *Shrek*

En la segunda película de *Shrek* (siempre quise empezar con esa frase el capítulo de un libro), el Príncipe Encantador interroga a otros personajes para descubrir el paradero del protagonista de la película. Pinocho entonces envuelve al villano en un pantanoso laberinto de negaciones que, aun sin salirse del orden lógico, imposibilitan con su opacidad entender la verdad. He aquí sólo el inicio:

> **Encantador:** *Tú no puedes mentir. Dime, marioneta, ¿dónde está Shrek?*
> **Pinocho:** *Mmm... Bueno, yo no sé dónde no está.*
> **Encantador:** *¿Estás diciéndome que no sabes dónde está Shrek?*
> **Pinocho:** *No. Sería inexacto suponer que no podría dejar de decir que no es casi parcialmente incorrecto.*

Cualquiera que haya visto ese patrimonio cultural de la humanidad llamado *Shrek 2* podría pensar, entonces, que así es como funciona la lengua: en ocasiones se puede poner difícil, pero en el fondo es terreno seguro, porque lleva debajo los cimientos de la lógica.

Eso es un cuento de hadas, sin embargo. Si no me crees, considera el siguiente escenario. Imaginemos que súbitamente empiezo a disfrutar de la compañía de la gente en grandes dosis y estoy organizando una fiesta para mi cumpleaños. Mi peor miedo es que nadie llegue. Entonces me percato de que olvidé comprar el hielo y voy a la tienda, pero mi ansiedad es tanta que, mientras espero en la fila para pagar, le llamo a mi esposa para preguntarle si ya llegó alguno de los invitados, a lo que ella responde lo siguiente: «no ha llegado nadie todavía». ¿Por qué, si ahí hay dos negaciones, no me siento más tranquilo? Si siguiéramos una lógica formal, matemática, ese *nadie* del final quedaría cancelado por el *no* del principio, lo que daría como resultado un *alguien*, y eso significaría que hay al menos un invitado esperando incómodamente en mi fiesta sentado con su agua de jamaica en la mano (o lo que sea que den en las fiestas, ese terreno no es mi especialidad). Preguntas similares inundan mis redes sociales: entonces, ¿no *debería* significar esa frase que alguien llegó a la fiesta?

Si barremos de la pregunta la maleza normativista, quedaría así: ¿no debería significar esa frase que alguien llegó a la fiesta? Y la respuesta, naturalmente, es no. Cualquier hablante en mi situación deduciría que, en efecto, nadie ha llegado. Una y otra vez decimos y oímos frases como «no hay nada que hacer» o «no conozco a nadie aquí» y una y otra vez tenemos la certeza de que el sentido de la frase es negativo. Si uno parte de la premisa de que la lengua se rige por los principios de la lógica, encontraría en esa doble negación un error, pero el error sería precisamente partir de esa premisa, que es falsa. Ya desde los tiempos tempranos del estudio científico de la lengua, un señor muy famosito llamado Ferdinand de Saussure (el Miguel Hidalgo y Costilla de la patria lingüística, digamos) observó que los *signos lingüísticos* suelen ser, entre otras cosas, *arbitrarios* y *convencionales*.

Signo (lingüístico). sust. m. Unidad comunicativa que representa una realidad.

La *arbitrariedad* quiere decir que por lo general no hay un vínculo real, referencial, entre un significado y los recursos que usamos para nombrarlo; por ejemplo, la secuencia de grafías *p-e-rr-o* (como tampoco en *d-o-g* ni en *c-h-i-e-n*) ni los sonidos que representan guardan relación con un perro de verdad; son sólo eso, una secuencia de letras y sonidos (y si las repites rápido las suficientes veces, podrás comprobar que empiezan a perder su sentido perruno). Con excepciones, las palabras no tienen un vínculo lógico con las cosas que representan.[11] Puede que, por la costumbre, creamos que sí, pero basta escarbar un poco más para darnos cuenta de que dicho vínculo es, en efecto, inexistente. ¿Cómo sabemos entonces que la suma de las letras *p-e-rr-o* refieren a un perro? Ahí es donde entra la segunda característica saussureana: la *convencionalidad*; resulta que las palabras y las frases significan lo que significan porque cada

11 Un ejemplo sería el famoso experimento de *Kiki* y *Bouba*, en el que se pide a los participantes asignar uno de esos dos nombres a dos figuras geométricas, una de ellas puntiaguda y la otra redondeada, y casi sin excepción se bautiza Kiki a la puntiaguda y Bouba a la redondeada, lo que sugiere asociaciones mentales entre los sonidos y las formas, al menos en cierto grado. Otro ejemplo en el que se desafía la arbitrariedad de las palabras son las onomatopeyas, por ejemplo las que buscan transcribir un sonido animal; sin embargo, incluso en estas últimas hay algo de arbitrariedad, si se mira la forma en que un mismo sonido, en lugar de ser universal, se dice diferente en lenguas distintas: el sonido del gallo es *quiquiriquí* en español, pero *ko-ki-ho* en coreano y *cock-a-doodle-doo* en inglés.

una de ellas es una convención social. O sea, si *perro* refiere a un perro es sólo porque los hispanohablantes así decidimos colectivamente que sería. Puede ser un poco decepcionante, pero las quejas no son conmigo sino con 580 millones de hispanohablantes (... y los hablantes de todas las otras lenguas, en las que la cosa funciona igual).

Resulta entonces que los hispanohablantes decidimos que el álgebra nos tiene sin cuidado y que, en nuestra lengua, la doble negación sigue siendo una negación.

También lo hicieron los franceses, que lo llevaron un poco más lejos, porque la doble negación es obligatoria normativamente hablando («*je **ne** suis **pas** français*»), y algunas variantes del inglés, si bien no exentas del juicio de los normativistas de esa lengua («*you **ain't no** friend of mine*»).

Cabría preguntarse si no deberíamos evitar que la lengua ande libre por ahí, salvaje y en cueros, en lugar de meterla en cintura con el corsé de la lógica. Pero la cuestión con nacer veintiún siglos después del inicio de la era común, tan útil como decepcionante, es que cualquier pregunta que te hagas, alguien más ya se la hizo antes. En 1664 el clérigo y filósofo inglés John Wilkins publicó su *lenguaje filosófico*, una propuesta de lengua artificial auxiliar[12] que sirviera para la comunicación entre culturas y, sobre todo, que arreglara esa irritante tendencia de la lengua a la arbitrariedad. Para lograrlo, emprendió la tarea monumental (doble, si se considera que redactó una segunda versión tras perder la primera en el Incendio de Londres) de compilar y mapear todos (TO-DOS) los conceptos del conocimiento humano,

12 ¿Cómo que *lengua artificial*, dirás, si no es como que las otras lenguas se den en los árboles? Por este concepto me refiero a una lengua que, en lugar de ser el resultado de la evolución en boca de un colectivo de hablantes, fue diseñada por una persona, o un grupo de ellas, con un fin específico. A su vez, una *lengua auxiliar* busca ser una lengua complementaria que ayude a comunicarse a hablantes de diversas lenguas.

para luego asignarles un valor fonético y una escritura, a fin de que el discurso obedeciera siempre a las relaciones lógicas entre los conceptos, y ninguna palabra diera lugar a ambigüedad. Quienes han inspeccionado su trabajo coinciden en dos cosas: se trata de una gran proeza y es perfectamente inútil. Pronto, su hipótesis de trabajo empezó a hacer agua: su mapeo de la realidad dejó ver, con algo de distancia, que la prometida objetividad estaba en realidad bien inscrita en el contexto del autor, así como atravesada por su forma personal de entender el mundo, y, aunque su labor sirvió como un ancestro accidental de los diccionarios de sinónimos, quedó claro que una lengua, para ser funcional, no puede ceñirse estrictamente a la lógica. En su libro *In the Land of Invented Languages*, Arika Okrent cuenta su experiencia sobre las horas que pasó perdida entre laberintos semánticos, yendo de un concepto al otro como un personaje kafkiano, tratando de escribir una sola oración en la lengua de Wilkins y, antes de eso, buscando el equivalente para la palabra *mierda* («*shit*») entre la marea de letras y conceptos: «para cuando la encontré, estaba demasiado cansada para reírme», concluye.

Ya en el siglo XX, otro señor llamado James Cooke Brown intentó un experimento similar, aunque esta vez con un mayor rigor científico, casi matemático, y con la intención de explorar la hipótesis de Sapir-Whorf[13]. Su propuesta, el *loglan* (abreviación de *logical language*) buscaba demostrar que, si se aprendía una lengua desprovista de cualquier

13 Esta hipótesis, llamada así en honor a sus postuladores, Benjamin Whorf y su maestro, Edward Sapir, sugiere que la lengua que hablamos determina nuestra percepción de la realidad y nuestro pensamiento. A pesar de numerosos esfuerzos, y de la popularidad que la hipótesis tiene entre el gran público, ningún experimento en el campo de la lingüística ha logrado demostrar que sea cierta, o que, en los casos específicos en los que llega a descubrirse una correlación positiva, el resultado sea lo suficientemente relevante para constituir una «forma de ver el mundo». Una buena crítica a esta idea la hace John McWhorter en *The Language Hoax*.

otro insumo más que la relación estrictamente lógica entre sus elementos, esto modificaría la percepción del mundo del hablante. El doctor Brown nunca dejó de considerar su experimento como inconcluso, aunque más tarde este dio a luz otras lenguas similares, como el *lojban* y el *caeli*; es muy probable que esta sea la primera vez que escuchas sobre cualquiera de ellas, lo que en sí mismo es quizá el mejor diagnóstico de su éxito.

El lingüista estadounidense John McWhorter usa una metáfora para explicar las razones detrás de los fenómenos lingüísticos: la lengua, dice, es como una sopa hirviendo. Uno no puede predecir a ciencia cierta en qué parte del plato saldrá una burbuja en específico; ocurren de pronto. A veces, la burbuja es el significado de una palabra que nació gracias al contacto geográfico e intercultural; a veces, la pérdida de un sonido, y, a veces, la doble negación. Pero la lengua funciona porque no le debe obediencia a lógica alguna: basta con que todos estemos de acuerdo en el caos.

Y, sin embargo, *dijistes*

Te dije «nena, dame un beso»; tú contestastes que no.

—Ana Torroja, «La fuerza del destino»

En ocasiones, la apelación a la lógica para defender tal o cual «regla» no se refiere tanto a la lógica del mundo como a la lógica interna de la lengua. No es raro, por ejemplo, que la Real Academia Española responda las dudas que le preguntan vía Twitter (o como sea que esa red social se llame esta semana) sentenciando que tal o cual uso se ajusta o no «a las tendencias naturales del español». Podría creerse, entonces, con cierta tranquilidad, que basta entender e interiorizar esas tendencias para «hablar bien». Y, sin embargo, es de sobra conocida la apocalíptica condena que la normativitis hace de cierta conjugación del pretérito perfecto de la segunda persona del singular.

¿La conjugación del pretequé del perfecuá?

Lo que quiero decir es que, de los peores errores que uno puede cometer, si quiere ganarse el favor de Doña Norma de la Academia y pertenecer al club privado de Buenos Hablantes, es decir *tú dijistes* en lugar de *tú dijiste*.

No hace mucho, la Secretaría de Educación Pública de México incluyó algunos de estos usos no estándar en sus libros de texto, precisamente con la intención de mostrar la variedad lingüística en el territorio mexicano y fomentar el respeto a la diversidad, y de inmediato muchos medios informativos procedieron a perder la cabeza.[14] «Les enseñan que *dijistes, buscastes, estuvistes*, está bien dicho», señaló indignado el periodista Carlos Loret de Mola —quien, sin embargo, no tuvo empacho en concordar un sujeto plural compuesto de varios verbos («dijistes, buscastes, estuvistes») con un verbo conjugado en singular («está bien dicho»)—, y a su reportaje le siguió una ola de indignación en redes sociales. «La reivindicación de los imbéciles», rezaba un comentario; «la osadía de defender lo que claramente es erróneo», decía otro; «buscando normalizar la ignorancia», añadía alguno más. En la hora y media que pasé documentándome en los comentarios sobre el tema en Twitter y TikTok, no encontré uno solo de ellos que explicara por qué *dijistes* es «claramente erróneo». (Hora y media

14 Los libros en cuestión fueron motivo de polémica por diversas razones, entre ellas el hecho innegable de que mostraban un trabajo editorial descuidado y algunas imprecisiones de contenido en otras áreas del saber, así como porque la discusión se vio empantanada por los intereses políticos, principalmente de sectores de oposición al gobierno, que dieron por llamarlos «libros comunistas». La mención a estos libros no tiene como objetivo ahondar en esa conversación ni mucho menos tomar partido, sino señalar lo que toca a la conversación lingüística.

que pude haber dedicado a ver *Shrek 2*). Ningún comentario explicaba tampoco esa supuesta correlación entre el uso no normativo de la lengua y la imbecilidad, de la que por cierto tampoco han encontrado evidencia los especialistas. Lo más cercano a una explicación, que había en esa marea de quejas, eran las citas de la Real Academia Española en las que tampoco se explicaba el porqué.

Hay dos posibles razones que explican la recurrencia de esa *S* delatora. La primera es que, sobre todo en América, se trata de una rebaba de las conjugaciones de segundas personas ya en desuso: la segunda persona del plural (*vosotros dijisteis,* todavía usual en España) y el voseo reverencial (*vos dijisteis,* de la que nomás nos queda el registro).

La segunda razón, un poco más plausible, es que se trata de una «conjugación por analogía», o sea seguir la lógica de otras conjugaciones similares. ¿Ya te habías fijado en que el resto de conjugaciones de la segunda persona terminan con una ***s***? *Tú dices, vos decís, tú decías, vosotros diréis, tú dirías,* etcétera. Bueno, pues así es como le gusta al español, y *tú dijistes* no está haciendo más que ajustarse a ese patrón lógico. Aún así, Don Hispanio Correctillo, que hace tres párrafos era el más fan de la lógica, en este caso afirmará que no, que de todas formas está «incorrecto». Es más, ya encarrerado, dirá que quienes conjugan de esa forma «no saben hablar español», aunque quede claro que, tan saben hablar español, que han interiorizado su lógica interna.

En este punto, la normativitis está en una encrucijada similar a la de Lord Farquaad en la primera película de *Shrek,* incapaz de elegir entre la soltera número 1 y la soltera número 3. Por un lado, puede aceptar que la lógica interna y las «tendencias naturales» no son el criterio definitivo para la corrección; por el otro, puede conceder que, según sus propios postulados sobre los patrones lógicos de la lengua, *dijistes* es correcto, correctísimo. Pero, como el Espejo Mágico le explica a Farquaad, sólo es posible elegir una opción.

Y eso no es todo. Todo se complica al descubrir que lo «ilógico» puede tener sus propias reglas lógicas internas. La doble negación, de la que hablamos antes, es un buen ejemplo: en español, contra toda lógica, sigue siendo una negación, pero sólo en ciertos casos: para que funcione, las negaciones deben estar a ambos lados del verbo (***no** ha llegado **nadie***), porque si las cambiamos de lugar el truco ya no funciona tan bien («***nadie no*** ha llegado»). ¿Esto hace a la doble negación más lógica y, por lo tanto, *mejor*, o al contrario?

«Existe la percepción popular», afirma el sociolingüista estadounidense Walt Wolfram, «de que los dialectos estándar siguen patrones regulares —las 'reglas' del lenguaje—, y que las estructuras que difieren de estas reglas violan patrones básicos de la lengua». Por otro lado (y precisamente en relación con la conjugación *dijistes*) Concepción Company afirma que «el control de las irregularidades da prestigio social, cuantas más irregularidades controlemos, significa más años de escolaridad».

En resumen, para la normativitis, en la lengua debes ser lógico y consistente porque de otra forma *hablas mal,* salvo cuando ser ilógico e inconsistente signifique *hablar bien,* en cuyo caso ser lógico y consistente significa *hablar mal.* Muy lógico todo de su parte, si me lo preguntan.

Tal como aseguran los autores de *Cocodrilos en el diccionario,* del Instituto Cervantes, «[n]o siempre lo que se impone como 'correcto' es lo más coherente desde el punto de vista de la lógica interna [ni de la externa, podríamos añadir]. Si este fuera siempre el criterio, *cocodrilo* no podría estar en el diccionario, puesto que su etimología es CROCODILUM, con la *r* en otra posición». La palabra *cocodrilo,* cuya *r* migró de lugar porque a los hablantes se les dio la gana, no es más que otra burbuja que le salió a esta sopa llamada idioma español. Y, a menos de que Don Hispanio y Doña Norma quieran pelearse también con los cocodrilos, quizá deban abrazar el caos con toda su burbujeante belleza y aceptar que la respuesta a por qué un uso lingüístico «está mal» tampoco se encuentra en la lógica.

4

«ESTÁ M
LO DICE UNA
EL MITO
CONVENCIÓ

AL PORQUE

MINORÍA»:

DE LA

N ÚNICA

El español no existe, son los papás

Así es, y lamento (más o menos) ser yo quien te lo diga. ¿Pero cómo? Si cuando busco los subtítulos para ver la última telenovela coreana en Netflix, ahí dice clarito, entre las opciones, «español». Si en la escuela primaria, algunos llevábamos un libro de texto que tenía precisamente por título *Español*. Si hay instituciones como el Instituto Cervantes o las academias de la lengua, cuyo trabajo gira justamente en torno la «lengua española», como consta en sus membretes y en los títulos de sus publicaciones. Si llevamos ya más de treinta páginas hablando de esa cosa llamada «español» (salvo por las dos o tres que le dedicamos al *ozpañol*, que es otra cosa, claro).

—¿Cómo entonces no va a existir? —dirás.

—Así como lo oyes —te contestaré yo—: supéralo.

Okay, estoy haciendo trampa; soy sólo un chico compitiendo por tu atención contra TikTok, los pendientes y las telenovelas coreanas. No es tanto que el español no exista como que su existencia es menos obvia y transparente de lo que solemos pensar.

O sea, podemos afirmar con alguna certeza que, en efecto, existe esa abstracción con ciertas características reconocibles que llamamos «español» o «castellano»; la cosa es que nadie en el mundo habla esa abstracción. No hace mucho vi un video —cuya motivación ignoro (y prefiero seguir ignorando, creo)— en el que las competidoras de un certamen de belleza en México saludaban a la cámara con la siguiente frase: «Hola, soy [inserte nombre de candidata a reina de belleza] y no tengo acento». Esa afirmación, por lo demás, se repite de vez en cuando en todo el mundo hispanohablante, con una sospechosa prevalencia en los centros urbanos. «Aquí no tenemos acento».

Y siempre, siempre, es mentira. Es mentira porque no hay un solo hablante que no tenga el acento propio de la variante de español que se habla en la región donde adquirió la lengua.

Claro, a quienes hacen esa afirmación les pasa como al pez que no sabe qué es el agua: rodeado toda la vida por su propio acento reproducido en la mayoría de personas con las que interactúa, ha aprendido a confundirlo con el habla obvia y natural. Pero basta preguntarle a los hablantes de dos pueblos al norte o al sur, que no dudarán en nombrar las características más típicas del acento del que decía que no tenía acento. El acento es apenas uno de los elementos de una lengua, pero la situación es extrapolable a otros, como la sintaxis o el vocabulario (a los argentinos les desconcierta que los mexicanos digamos en voz alta que nos gusta la cajeta, pero no tanto como a los mexicanos nos desconcierta que los españoles cojan un tren, etcétera, etcétera). Lo que no existe, pues, es una versión pura de la lengua que pueda verificarse en la realidad. Nadie habla español a secas, sino una manifestación regional, generacional, social e individual de esa abstracción que llamamos «español».[15]

15 Está, sin duda, la versión «neutra» que se usa en el doblaje de películas o programas televisivos, pero no sólo su neutralidad es debatible, a juzgar por muchas críticas, sino que además se trata de una creación artificial con una función muy específica y no de una variante utilizada por una comunidad real de hablantes.

Dialecto. sust. m. Variante regional o geográfica de una lengua. Por ejemplo, el español de la Ciudad de México.

Cronolecto. sust. m. Variante generacional de una lengua. Por ejemplo, cuando los *boomers* dicen que algo que les gusta está «bien suave».

Sociolecto. sust. m. Variante social de una lengua. Por ejemplo, el acento «fresa» de la clase media-alta mexicana.

Idiolecto. sust. m. Variante individual de una lengua; o sea, como hablas tú. Por lo general es un revoltijo de todas las anteriores más tu personalidad, que estoy seguro de que es increíble. 👍

Lo anterior lo saben los lingüistas, no sólo del español, sino también de todas las otras lenguas, y sin embargo hay personas que insisten en la cruzada de hacer pasar su propia variante como la legítima. A veces el argumento es social, y se busca convencer al grueso de hablantes de que la versión «culta» de una lengua es la verdadera, aunque lo que se considera culto varía entre eras y grupos de hablantes. Otras veces el argumento es geográfico o histórico; por ejemplo, algunos españoles creen que su variante es la más «pura», al haber sido la península el lugar de nacimiento del idioma, aunque el español que se habla hoy en Madrid o en Castilla sea mucho más parecido al español que se habla en México, Venezuela o Chile, que al que se hablaba en la corte de Alfonso X en el siglo XIII. Estos criterios de legitimidad, aunque equivocados, a veces se trasladan también a lo que se entiende por correcto: *el español de España es más correcto que el de América* es una idea muy socorrida desde los siglos XIX y XX, no sólo entre españoles, sino también entre hispanoamericanos, y es un mito, por cierto, que tiene su equivalencia en otras lenguas de territorios antiguamente ocupados por potencias europeas –como el francés de Francia respecto al *quebecois*, el inglés británico respecto al estadounidense, o el portugués de Portugal respecto al brasileño–.

Otro de esos criterios de validez y corrección, fuertemente azuzado por esa idea de que el español es un bloque uniforme compartido por todos los hispanohablantes, es la apelación a la mayoría.

¿Hasta que *todes* nos pongamos de acuerdo?

Parece ser un virus pertinaz. Ha infectado no sólo al español, sino a otros idiomas. Los angloparlantes debaten si *they* puede ser un pronombre singular, para evitar hacer explícito el género de una persona con las opciones existentes, *he* y *she*; los italianos han empezado a comerse vocales y a decir *sei content* en vez de *sei contento/sei contenta*; los francófonos han propuesto acompañar las vocales generizadas por puntos (*mes ami.e.s*) y también el pronombre neutro *iel*; los alemanes, *dier/xier*; los suecos, *hen*; los lusoparlantes, *elu*; los catalanes, *elli*, y los chinos han comenzado a añadir una *x* al radical de *ella* y *él* (也) para marcar el género neutro o no binario (x也). En español, dos soluciones principales alternan: la letra x para evitar la marca de género femenino o masculino (por ejemplo, en *todxs* en vez de *todos*), y el pronombre *elle* con sus correspondientes concordancias en otras categorías gramaticales (*contente, distraíde*), siendo la segunda la más popular dada su mayor pronunciabilidad. Y en cada una de estas lenguas, en cada una de estas latitudes, ha habido una amarga reacción en contra por parte de los defensores del idioma (el que sea que hablen). Esta reacción se ha traducido incluso en legislaciones efectivas: Francia ha legislado para desterrar el lenguaje incluyente de la educación; Perú vetó los desdoblamientos (*todos* y *todas*) de los textos escolares y las comunicaciones de estado; la gobernadora de Arkansas, Estados Unidos, prohibió el uso de la expresión *latinx* de documentos oficiales, y el gobierno de Buenos Aires, Argentina, hizo lo propio con cualquier forma de lenguaje incluyente en las escuelas, argumentando que este causaba rezago (sin presentar estudio alguno que sustentara la correlación y omitiendo que quizá los recortes a la educación y un evento pandémico histórico pudieron tener algo que ver con los bajos resultados en las pruebas generales de desempeño escolar).[16] Todas estas prohibiciones impositivas (curiosamente celebradas por quienes, en otros momentos, se quejan de que la inclusión discursiva es, dicen, una «imposición») dan cuenta del dolor de muelas que el lenguaje incluyente ha resultado para muchas instancias.

Lenguaje incluyente. (También *lenguaje inclusivo* o *lenguaje no sexista*). Conjunto de estrategias varias que buscan visibilizar el papel de las minorías sexogenéricas y/o de las mujeres en el discurso, o poner en tela de juicio el masculino como estándar. También, *punching bag* favorito de Don Hispanio Correctillo.

Lo cierto es que hablar, en toda su complejidad, del lenguaje incluyente (o *inclusivo*, una palabra que, a pesar de ser un anglicismo, usan los puristas sin ningún pudor para quejarse de él) requeriría un volumen aparte; no sólo porque el fenómeno abarca mucho más que los marcadores de género neutro que he mencionado en el párrafo anterior, sino

16 Noticia de última hora: mientras yo terminaba de escribir este libro, Javier Milei ganó las elecciones en Argentina. El ahora presidente puso en pausa su famosa militancia contra las regulaciones estatales para regular estatalmente el uso del lenguaje incluyente en toda la documentación oficial.

también porque los argumentos que suelen esgrimirse para condenar su uso fácilmente podrían aparecer en casi cada uno de los capítulos de este libro: desde apelaciones a los patrones lógicos del idioma («*todes* es ajeno a la morfología del español», dice Doña Norma que dice la Real Academia Española) hasta el insulto y la descalificación («sólo es una moda» o, como afirmara entre risas el Nobel de literatura Mario Vargas Llosa, «es una estupidez y una aberración»), pasando por las apelaciones a la utilidad, la autoridad o la estética («no sirve para nada», «la RAE no lo aprueba», «se oye horrible»), y hasta por una buena cantidad de anécdotas escolares, como la de aquella profesora de español que presumió en redes sociales haber reprobado a un alumno que le entregó un texto escrito con marcadores de género neutro, o la de aquel otro profesor universitario que amenazó a sus estudiantes con sacarles de la clase si algune de elles le «salía con esas jaladas».

No obstante, dado que este libro no trata solamente de lenguaje incluyente, y en el entendido de que mucho de lo que se dice en los apartados precedentes y futuros aplica para él, quisiera extenderme sobre al menos uno de los argumentos que se utilizan para despreciarlo, y que es el que nos atañe en este capítulo.

«El lenguaje inclusivo no tiene mucha proyección social, para que funcione debe ser aceptado por la mayoría», reza uno de los cientos de comentarios similares que recibo con asiduidad en los videos que le he dedicado al tema —este, en particular, poniendo una coma entre oraciones independientes, algo que la normativa que defiende vería con malos ojos, me temo—. Bajo esta premisa, entonces, *lo correcto* sería aquello que acepta, y en consecuencia utiliza, la mayoría. De hecho, esto parece tener mucho sentido a la luz de lo que hablamos en el capítulo anterior: que la lengua es el fruto de la convención social, que *perro* significa perro porque todes nos pusimos de acuerdo y, por lo tanto, como no todes nos hemos puesto de acuerdo en decir *todes*, este par de oraciones que acabo de escribir pertenecen al reino de sombras de la incorrección lingüística.

Sin embargo, ese tren de pensamiento presenta dos problemas.

El primero es que basta escarbar un poco en la tradición normativista para encontrar, por un lado, usos minoritarios que se consideran correctos, y otros tantos mayoritarios que sin embargo no gozan de ese honor. Caray.

El pronombre *vosotros* y su respectiva conjugación, por ejemplo, no sólo no se consideran marginales, sino que aparecen en primerísimo lugar en los manuales de conjugación hispánica, a pesar de que sólo se utilizan en España (que no alberga más que a un 9 % de los hispanohablantes del planeta, apenas por encima de Estados Unidos). Algo similar ocurre con la pronunciación peninsular de las letras *c* y *z*, que es todavía más minoritaria, ya que sólo ocurre en algunas regiones de España, y que sin embargo a ningún normativista parece molestar. Sería interesante comprobar en un estudio si las formas «correctas» del pretérito del verbo *venir*: *viniste/vinimos* son mucho menos comunes en el habla cotidiana de muchos lugares que sus alternativas repudiadas por la norma: *veniste/venimos*.

Quizá en la universidad te dio clase algún Don Hispanio Correctillo que te corrigió: «no se dice *en base a*; lo correcto es *con base en*». Y, sin embargo, *con base en* es mucho menos usual que su prima apestada, *en base a*, según demostró en un estudio de 2011 la lingüista uruguaya Ana Clara Polakof.

Un caso similar es el del verbo *haber*. La normativa dicta que este, cuando expresa existencia, debe considerarse un verbo impersonal; es decir, sólo debe conjugarse en la tercera persona del singular; por lo tanto, uno debería decir «hubo muchas personas» y no «hubieron muchas personas».

Dale *like* si te acabas de enterar.[17]

Para desmayo de las buenas conciencias lingüísticas, sin embargo, gran cantidad de hablantes no sólo hacen la concordancia con la tercera persona del plural, sino que a veces incluso cometen la inmodestia de incluirse a sí mismos, concordando con la primera persona (*¡hubimos muchas personas*!). Este uso no sólo está ampliamente documentado y estudiado, sino que el propio *Diccionario panhispánico de dudas* afirma de él que «es un uso muy extendido en el habla informal de muchos países de América y se da también en España, especialmente entre hablantes catalanes». Esto no impide que en TikTok Don Hispanio y Doña Norma se la pasen regañando, sin hacer distinción alguna entre contextos formales e informales, con que «*hubieron manifestantes* está mal, mal, mal», o invitando a que «de una vez y por todas desterremos esos plurales del verbo *haber*; y, por supuesto, el ya clásico y bienamado negacionista: «*hubieron* no existe».

En resumen: para el prescriptivismo, el prestigio lo da la mayoría, pero hay mayorías que nunca serán lo suficientemente mayoritarias para estar a la altura de ciertas minorías prestigiosas. Si tú, queridx lectorx, comienzas a notar en la normativitis una tendencia a la contradicción, no te preocupes: quiere decir que estás leyendo bien.

El segundo problema es que, como sugerimos ya en el apartado anterior, la lengua no es una sola y, mientras que en abstracto podemos decir que un idioma es *una* convención

17 Me informa mi editora que no es posible «dar *like*» a la mitad de un libro, como si esto fuera un vulgar video de TikTok, pero que, si así lo deseas, lector, lectora, lectore, puedes guardar tu *like* en tu corazón.

social, en la realidad práctica se trata más bien de *muchas* convenciones conviviendo en el mismo plano temporal. Por eso yo puedo decir *tú* y una argentina *vos* y ambos mantener una conversación sin pelearnos por cuál es la opción «verdadera»; por eso a la misma habitación de la casa mi abuelo le decía *pieza* y yo *cuarto* y nunca nos confundimos; por eso yo pronunciaré sibilante la *s* de *Tabasco,* pero un niño de ese estado la pronunciará más bien como una *j*, sin que ninguno de los dos sienta la necesidad de imponer al otro su pronunciación. Por eso, en suma, el argumento de que algo será «correcto» cuando lo adopte la mayoría es improcedente, porque esa mayoría no es un bloque uniforme, sino una constelación de mayorías diversas, atravesadas por la edad, la región, la clase social y demás factores, que adoptan, cada una, las convenciones que mejor sirven a sus necesidades comunicativas o que, por los motivos que sean, se solidificaron en el uso colectivo.

De hecho, es justo así como ocurre el cambio lingüístico. Uno podría pensar —como de hecho hacían los lingüistas en las épocas tempranas de la disciplina— que un uso sustituye a otro, pero la realidad siempre tiene el mal gusto de ser más compleja: hoy en día sabemos que el cambio lingüístico ocurre no por *sustitución,* sino por *competencia.* Un nuevo uso emerge, usualmente de forma marginal, y por un tiempo coexiste y compite con el uso anterior; a veces ocurre la sustitución, pero otras veces ambos usos se acostumbran a alternarse o se acomodan en contextos distintos o con diferencias sutiles en la práctica. Hemos visto ya ejemplos: *haya* no llegó para sustituir a *haiga* ni viceversa, sino que los caminos de ambos se cruzan y se despegan de vez en cuando y coexisten cada uno con sus lugares y sus historias.

Otro ejemplo, menos problemático pero equivalente, es el uso de las palabras *derecho* y *directo,* que son en realidad dos momentos distintos en la evolución de una misma palabra latina, *directum*; en lugar de que la aparición de una «cancelara» la otra, cada una se encauzó hacia significados distintos, vigentes a la fecha.

La trampa del normativismo, que en sí misma es paradójica, es fingir que quienes pretendan usar el lenguaje incluyente —o cualquier otro uso mal visto por ser minoritario—, deben esperar a que este sea usado por el grueso total de hablantes, aunque la espera implique no usarlo, y no usarlo implique que nunca llegue al grueso total de hablantes; sin contar, además, que dicho uso minoritario podría ser ya una convención entre un grupo más o menos cohesionado de hablantes (¡y en muchos idiomas, además!), lo que en sí mismo demuestra y justifica su existencia, al margen de sus motivaciones o su pertinencia política.

No podemos obviar, por supuesto, que las quejas contra el lenguaje incluyente no son puramente lingüísticas.[18] Muy por el contrario: las más de las veces, la corrección lingüística es apenas un pretexto que se instrumentaliza en una discusión social más grande. Este no es el espacio para ahondar en esa discusión, pero sí quizá, cuando menos, para cerrar el paso a quien quiera utilizar la supuesta defensa de la lengua en general, y la apelación a la mayoría en particular, como un argumento en contra de quien haga un uso retórico de la lengua para incluir a más personas en su discurso. La lengua no es un solo acuerdo rígido, gris y vertical. La lengua es una constelación de acuerdos diversos, y en esos acuerdos caben todas, todos, todes.

---

18 De hecho, la lingüística sigue haciendo su trabajo, que no es condenar, sino estudiar. Por cada declaración de un miembro de la RAE denostando los pronombres neutros que hace ruido en los titulares, hay un estudio útil sobre el fenómeno, como los libros que han editado sobre el tema la Academia Chilena de la Lengua y la Academia Norteamericana de la Lengua Española (ANLE), o el trabajo «Lenguaje inclusivo: vademécum lingüístico», un exhaustivo ensayo realizado por lingüistas argentinas de la Universidad Católica de Temuco.

5

«ESTÁ M LO DICE LA A O CÓMO NO DICCIONARIO

AL PORQUE
CADEMIA»
USAR UN

Ocupamos empezar por alguna parte

En 2019, según consta en su columna del periódico *Milenio*, el editor Moisés Cervantes escuchó a su tía decirle: «Oye, hijo, *ocupo* que vengas a ayudarme a la tienda; ya sabes que te dejo lo que *ocupes*». Cervantes narra cómo, en lugar de corregir a su tía (dando por hecho que ahí había un error), y en lugar de preguntarle a qué se refería (que, creía yo hasta ahora, es lo que cualquier hablante haría de forma intuitiva cuando no entiende lo que le dicen), optó por la opción, un tanto menos práctica y algo más incómoda (para la tía, que estaba ahí esperando una respuesta), de ponerse a buscar en el *Diccionario de la Lengua Española* (DLE) las diversas acepciones de la palabra *ocupar*. Cervantes cuenta que, entre los diversos significados del verbo en cuestión, no encontró el de «sinónimo de necesitar». Corrijamos entonces: no es que el editor no hubiera entendido lo que su tía quería decir y se hubiera puesto a descifrarlo diccionario en mano; más bien, se puso a buscar en el diccionario una acepción específica, que había entendido perfectamente. ¿Cómo la entendió?, podríamos preguntarnos. Quizá porque, tal como registra el *Diccionario de americanismos*, el uso del verbo *ocupar* en su acepción de *necesitar* («ocupo que vengas a ayudarme») es usual en el habla coloquial de algunas regiones de México, Costa

Rica, Honduras y Nicaragua. En resumen, tenemos a un señor que tiene a su tía esperando a causa de una palabra cuyo significado comprendió sin problemas, pero que por alguna razón se puso a buscar en un diccionario académico con ganas de no encontrarla. Sin embargo, lo realmente fascinante, desde un punto de vista sociolingüístico, es que, al no encontrar la acepción buscada, Cervantes no pensó mal de dicho diccionario, cuyo trabajo es registrar usos y acepciones existentes y que en este caso mostraba la omisión de registro de un uso comprobable en la realidad; por el contrario, decidió pensar mal de su pobre tía, que seguía ahí esperándolo a que cerrara el diccionario y fuera a ayudarle en la tienda.

En su anécdota, Cervantes cita apenas otra fuente, la Academia Mexicana de la Lengua, pero también ahí su reacción delata que no está en busca de una explicación, sino de una sentencia, del aval de una instancia superior para juzgar a su tía; muestra desconcierto cuando lee que la Academia Mexicana afirma que *ocupar* en su acepción de necesidad «es correcto» y se tranquiliza cuando, más adelante, la Academia afirma que también, sin embargo, es «desaconsejable».[19]

Quizá, en defensa del sobrino de esa pobre mujer que sólo ocupaba algo de ayuda en su negocio, hay que decir que los estudios más detallados sobre el tema son más

19 Para desaconsejarlo, la Academia Mexicana argumenta la posibilidad de ambigüedad (por ejemplo, en la frase *ocupo un lugar en el foro*, donde no se sabría si el lugar se necesita o se posee ya). No obstante, como hemos visto en otros casos, estas oraciones hipotéticas sólo son ambiguas porque carecen de contexto, lo que rara vez ocurre en la práctica real; salvo que se trate de una frase escrita en un telegrama inesperado, lo más probable es que sea posible deducir sin problema la acepción de *ocupar* en la oración citada a partir de otros elementos, como el tono o la situación (por ejemplo, si el enunciante está efectivamente sentado en un lugar del foro o si está sacando su cartera frente a la taquilla del foro), todo ello sin contar con que, en caso de ambigüedad, con frecuencia puede pedirse aclaración, igual que hacemos todo el tiempo cuando una idea no es clara, incluso si esta se expresa con palabras que no son inherentemente ambiguas o polisémicas.

recientes que su columna de 2019. De hecho, como menciona uno de ellos, la discusión digital sobre la validez/invalidez de este uso lingüístico comenzó a notarse apenas en 2014. En un artículo de 2023, la lingüista queretana Paulina Tovilla Loza, además de encontrar algunas variables relevantes en el uso en cuestión (prevalencia de varones jóvenes de la región norte de México), rastrea el desplazamiento de significado que llevó al verbo *ocupar* a adquirir la acepción de *necesitar*: de los tres *semas* (pedacitos de significado) originales de la palabra —*espacio, llenar* y *concreto*—, este último se desplazó hacia la abstracción —*espacio, llenar, abstracto*—, lo que permitió el vínculo con la idea de carencia y, en consecuencia, de necesidad. Por su parte, Erik García Chávez señala en otro artículo que esta ruta semántica es similar a otra, bien documentada, en la que los verbos se desplazan de la posesión a la obligación; por ejemplo, *tener*, el verbo de posesión por excelencia, que amplió su significado para expresar también obligación (*tengo que hacer tarea*). En sus conclusiones, Tovilla Loza afirma que «no se debe considerar que la extensión léxico-semántica de *ocupar* en contextos de *necesitar* esté mal empleada, porque es un fenómeno que se encuentra en uso y que ha seguido determinados principios lingüísticos, cognitivos y sociales para llegar a tener ese significado».

Como hemos atestiguado con otros usos que producen resistencia, esta no tiene fundamento en la lingüística, sino en creencias sociales —en este caso, sospecho, quizá algo de centralismo, al menos en México, dado que *ocupar* en su acepción de necesidad se escucha sobre todo en regiones alternas a la capital, o prejuicios de clase, ya que a veces se asocia también con la baja escolaridad (si bien el estudio de Tovilla Loza no encontró correlación entre uso y nivel de estudios)—. Para Don Hispanio y Doña Norma, sin embargo, todo esto importa muy poco, porque han acudido al diccionario académico no como hablantes que examinan un registro para conocer, sino como feligreses que leen su biblia para enderezar su comportamiento y purificar su alma.

La RAE proveerá

En un famoso episodio bíblico, Yahvé le pide a Abraham que sacrifique a su propio hijo, Isaac. Abraham acepta tal cosa como si le hubieran pedido un encendedor. Para el mundo judeocristiano, este pasaje es una muestra suprema de fe (que Yahvé recompensa perdonando la vida de Isaac en el último momento y multiplicando la descendencia de Abraham); para cualquier otra persona es una anécdota retorcida que no embona con una época en la que existe, por decir algo, la UNICEF. Lo más loable para unos y desconcertante para otros es que a Abraham, cuando recibe la instrucción de asesinar a su único hijo, en ningún momento se le ocurre preguntar para qué o qué. Ni falta que le hace: la autoridad de Dios es la única respuesta que necesita; si Yahvé lo pide, por algo será, y no puede estar equivocado. Su fe es tal que, cuando el damnificado Isaac se extraña de que lleven al sacrificio todo lo necesario menos al protagonista, el padre le contesta: *Dios proveerá*. E Isaac, ingenuo, cree en su padre, que es como su dios. Esto es lo que llamamos un *dogma*: una certeza que tienes a pesar de la ausencia de pruebas. No es mi intención aquí criticar el pensamiento religioso en particular, ni tampoco ponerme personalmente por encima de la tendencia al dogmatismo; es más, quizá nuestros sistemas personales de creencias, como el de Abraham, se definan por las cosas que menos dispuestos estamos a cuestionar. Los problemas comienzan cuando se empiezan a instrumentalizar esos dogmas para normar el comportamiento de las otras personas.

Hay quienes consultan el diccionario como si consultaran la palabra de dios, en especial el diccionario elaborado por la Asociación de Academias de la Lengua Española, principalmente la Real Academia Española. Esta dice que tal o cual uso «es ajeno a la morfología del español», y aquellos interpretan, como si fuera un mandamiento, que entonces dicho uso «está mal» y que, por lo tanto, tienen el derecho a tachar de flojos o ignorantes a aquellos pecadores que, antes de que cualquier academia dijera nada, ya tenían dicho uso como una herencia perfectamente funcional. Cuando han agotado ya otras explicaciones insatisfactorias, como las que hemos visto en capítulos anteriores, y a veces incluso antes de todas ellas, lanzan el dardo: «eso no está *aprobado* por la RAE»; «está mal porque ya lo dijo la RAE».

Como toda falacia de autoridad, es fácil de desmontar:

—*Decir* haiga *está mal.*
—*¿Por qué?*
—*Porque la RAE lo dice.*
—*Pero no te pregunté* quién *lo dice, José Luis, sino* por qué.

No obstante, vale la pena dedicarle algunas páginas más.

Empecemos por decir que el propio *Diccionario de la lengua española* (DLE) sugiere en su prólogo que no tiene pretensiones normativas, sino descriptivas. A la cuestión de si deberían eliminarse del diccionario palabras que resultan socialmente reprobables u ofensivas, por ejemplo, el diccionario responde en su preámbulo que «al plasmarlas en un diccionario el lexicógrafo está haciendo un ejercicio de veracidad, está reflejando usos lingüísticos efectivos», lo que quiere decir que la obra no busca dar cuenta de *cómo debe hablar* la gente, sino de *cómo habla* efectivamente. Por desgracia, a las academias les tembló la mano para replicar esta postura en la *Nueva gramática de la lengua española,* que en su prólogo afirma: «aunque sea con diferente peso, ambas vertientes —la descriptiva y la normativa— han convivido tradicionalmente en las gramáticas académicas. Nunca es tarea fácil compaginarlas en su justa medida, pero ambas se hacen también patentes en esta edición». O sea que no hace ni una ni la otra, sino todo lo contrario. Pero, al menos en el caso del diccionario, si Doña Norma quisiera citarlo como una norma —tocaya suya— se toparía con los principios manifiestos del propio diccionario.

Así como la premisa fundamental de la normativitis (y por lo tanto el problema con ella) es confundir lengua con lengua estándar, aquí la confusión particular es entre lengua y diccionario: lo que está en el diccionario es parte «oficial» de la lengua, y lo que no, pues no; será otra cosa, quién sabe qué, pero parte de la lengua no. El inconveniente es que otorgar ese nivel de confianza y de responsabilidad puede tener sentido en el caso de Abraham, cuyo dios era por definición perfecto y omnipotente, pero no para la Real Academia Española, que está lejos de cualquier cosa que se parezca a la divinidad.

Veamos, en primera instancia, cómo llega una palabra al diccionario.

Un buen resumen del proceso lo hace la académica chilena Victoria Espinoza en su artículo «El *Diccionario de la lengua española* (DLE): ¿cómo se actualiza?». Alguna vez alguien me reprendió en internet por usar en un libro el neologismo *megustear*, de mi autoría —creo—, el cual puede definirse como el acto de dar clic en la reacción de «me gusta» en una publicación de redes sociales, y que me salió natural un día como una ampliación del paradigma conformado por «dar *like*», «dar *me gusta*» y «*likear*». ¿Qué tendría que ocurrir para que este polluelo de palabra llegase un día a la madurez lexicográfica y apareciera en el DLE, y de paso para que la gente no se exponga a la horrenda experiencia de leer un libro mío y toparse de cara con un verbo no sancionado por las altas esferas académicas? (Me pregunto, si Doña Norma está leyendo este, cuántas veces no habrá querido ya prenderle fuego en una plaza pública).

Primero, alguien tendría que atraparla al vuelo: los miembros de número de las diversas academias, o los lexicógrafos que trabajan en ellas, o incluso los propios hablantes de a pie, que pueden proponer palabras para consideración de las academias en el Formulario de la Unidad Interactiva del Diccionario, al que puede accederse en línea, y desde el cual yo podría proponer la inclusión de mi nuevo verbo, si nadie más lo vio o nadie, aunque lo haya visto, se tomó la molestia.

Luego, el Instituto de Lexicografía (ILex) recopilaría «megustear» y un manojo de otras propuestas y las turnaría a sus comisiones, que analizarían en dónde se usa el verbo, con qué frecuencia y con qué matices. Es probable que mi verbo se quede en este filtro inicial, porque la frecuencia se limita a aquel libro mío. Pero imaginemos, para fines del ejercicio, que mi libro lo leyó mucha gente —Alexa, reproduce *I Believe I Can Fly*—, y que el verbo causó sensación, por lo que ha adquirido relativa popularidad y frecuencia de uso en el internet, con localización en algunas partes de la República mexicana; además, en su investigación, los lexicógrafos del ILex descubrieron que un chileno despistado y un *dopplegänger* mío en Extremadura, España, también usaron el verbo por su propia cuenta (porque tampoco es que sea el neologismo más creativo).

Imaginemos entonces que esto le alcanza para pasar al siguiente filtro.

En la tercera etapa, la selección de palabras curadas por el Instituto de Lexicografía llega a los altos mandos de la RAE, y aquí es donde la cosa se pone ligeramente acuosa, porque no todos ellos son lingüistas, sino más bien abogados (como su director, Santiago Muñoz Machado), escritores o personalidades de la cultura española. Este grupo selecto debate y dictamina cuáles palabras sobreviven y cuáles quedan fuera de esa emisión de *Lexicalizando por un sueño*.

Supongamos entonces que, por su buena estrella, «megustear» logra sortear la incredulidad de los miembros que no están muy familiarizados con el internet, los que *a priori* desdeñan los anglicismos, los que bajita la mano ningunean los usos que ocurren fuera de España, los que casi no se exponen a perspectivas diversas (la RAE ha contado, por ejemplo, en sus tres siglos de historia, con sólo 12 mujeres entre 477 miembros de número) y los que prefieren priorizar otras palabras porque para esta ya existen alternativas, como esa otra, aburridísima, que efectivamente propone la Fundación del Español Urgente (Fundéu), asesorada por la RAE: «hacer clic en me gusta».

«Megustear» viajará de vuelta al ILex, junto con las demás palabras sobrevivientes, donde se le dará forma a su definición, y sólo entonces se las pondrá a consideración de las otras veintitrés academias de la lengua española, para que den su visto bueno. En este punto, es posible que las academias de otros países noten una ligera desproporción de palabras españolas (entre las cuales mi mexicanismo se coló como un polizón), lo cual no es raro si se considera que el Corpus del Español del Siglo XXI, el cúmulo de textos que el ILex usa para analizar las palabras propuestas, cuenta —según sus propios datos— con un fabuloso 30 % de fuentes españolas, a pesar de que España representa apenas el 9 % de los hispanohablantes. Supongamos, no obstante, que la Academia Mexicana (con el apoyo de la Academia Chilena, que también tiene noticia del verbo) hace patente su voluntad de que el verbo «megustear» se incorpore al diccionario, por lo que regresa triunfante a España, donde el Comité Delegado (que así se llama a los VIP de la RAE) dará su venia oficial para que, al fin, después de esta larga travesía, mi verbo bebé aparezca primero en la actualización en línea del DLE y, más tarde, en la edición impresa. Crecen tan rápido.

Lo destacable de este proceso es la enorme cantidad de palabras, usadas por hablantes a lo largo de los cinco continentes, que fallan en alguno de los múltiples requisitos, se atoran en alguna de las fases o no alcanzan la bendición del Comité Delegado, pero que no tienen más remedio que existir verdaderamente en la mar inmensa de lugares y contextos en los que se habla el español. Mi bienamado «megustear» está ahí para quien quiera aprovecharlo, donde dos o más hablantes compartan su significado. Creer, por lo tanto, que sólo lo que aparece en el diccionario académico *existe*, o debe tolerarse, es ingenuo. De hecho, nuevamente la propia academia (en ese ir y venir un poco esquizoide entre el normativismo y el descriptivismo) detiene en seco a quienes, aún dentro de la lógica normativista, intenten considerar un uso no registrado como un mal uso. En su sección de dudas rápidas, al interrogante de si una pregunta no registrada en el diccionario está «incorrecta», la academia responde que no, y que «[p]or su naturaleza, el diccionario no incluye muchos neologismos, tecnicismos, regionalismos o derivados y compuestos cuyo significado se puede deducir a partir del de sus componentes».

Con algo de malicia, alguien podría encontrar en este breve apartado una voluntad de descalificar al DLE, pero nada más lejos de la verdad. Para empezar, criticar un diccionario es más fácil que hacer uno (aunque todavía más fácil sería no criticarlo para nada); el DLE es un esfuerzo loable y monumental en el que trabajan muchas personas, y al que muchos acudimos en diversas situaciones. Pero la cuestión no se trata tanto de criticar el diccionario como de criticar la tendencia a pensarlo como una autoridad única e incuestionable. El DLE, como la gramática y la ortografía académicas, tienen una virtud que es al mismo tiempo su peor defecto: en su ambición generalizadora, abarcan mucho y aprietan poco. Por eso, no es que sea mala idea acudir a ellos, sino que es buena idea acudir no sólo a ellos, y siempre con el mismo tiento que a cualquier otra fuente, a sabiendas de que tienen sesgos y son falibles, y sin atribuirles una autoridad que la lengua, a este punto, ni requiere ni agradece. La lengua, por el contrario, siempre se ha sentido más a gusto en las bocas libres de sus hablantes que en las plumas rojas de sus autoproclamados defensores. María Moliner, que en 1966, con una máquina de escribir portátil y una cantidad salvaje de fichas de papel, elaboró ella sola con sus manitas uno de los diccionarios más importantes de nuestra lengua —el famoso *Diccionario de uso del español*— (y, a pesar de lo cual, la Real Academia Española le negó un lugar entre sus miembros, quizá porque nunca ha sido muy fan de la competencia), resumió la cuestión en una frase pequeña y pulida como un diamante: «El diccionario de la Academia es el diccionario de autoridad. En el mío no se ha tomado demasiado en cuenta la autoridad». Hay vida, y mucha, antes y después del diccionario.

La bizarra y nada *uwu* historia de los más raeístas que la RAE

Las comunidades que se guían por un dogma y encomiendan a un líder la labor de protegerlo a veces atraviesan episodios un tanto embarazosos en los que un subgrupo se convence de ser quien mejor sabe interpretar el dogma, y por lo tanto considera herejía las interpretaciones más moderadas de los otros feligreses. Estos grupos, que podríamos llamar fundamentalistas (y que lo mismo surgen entre miembros de una religión, empleados de un corporativo o fans de Taylor Swift), en sus episodios más extremos pueden dirigir sus ataques incluso contra el guardián del dogma, si les parece que este se está saliendo del camino único. Aunque no es raro, tampoco deja de ser irónico que la mismísima Real Academia Española haya sido, en más de una ocasión, víctima del odio de Don Hispanio Correctillo y Doña Norma de la Academia.

Hace algunos años, la RAE incluyó en su *Observatorio de palabras* (un sitio digital que funciona como una especie de antesala del diccionario para palabras nuevas) la secuencia de caracteres *uwu*, definiéndola como «un emoticono que se emplea para expresar felicidad o ternura», aunque la definición se queda un poco corta, ya que en las redes sociales puede vérsela también expresando timidez o sonrojo e incluso tristeza. Se trata de un uso antiquísimo (en años internet, quiero decir) proveniente de las cibercomunidades aficionadas al *anime*, que se popularizó en círculos más amplios y en diversos idiomas, incluido el español. Cuando un uso lingüístico entra al *Observatorio de palabras*, significa que es una palabra y que está en observación —tendrás que disculparme la obviedad, pero es necesario puntualizarlo porque mucha gente no lo tiene claro, si se toma en cuenta la cantidad de personas que interpretaron de este hecho que «la RAE aceptó/validó/aprueba *uwu*», como si las palabras audicionaran para existir y la academia española, como un emperador romano, dictaminara su existencia haciendo el pulgar arriba o abajo—. El caso es que si uno hace la búsqueda «la rae aceptó uwu» en Twitter, encontrará, entre la marea de humor, comentarios del tipo «la RAE aceptó pendejadas como uwu, así que un ejemplo a seguir no creo que sean», o «Díganme díganme qn realmente se toma enserio la rae siendo q esta acepto la palabra UwU». A juicio de estos hablantes, la academia tiene la autoridad de «aceptar» palabras, que a su vez se vuelven «válidas» una vez infundidas de dicha aceptación, peeeeero al momento en que se le ocurre «aceptar» un uso que los hablantes en cuestión consideran reprobable o «poco serio» *a priori*, concluyen que la academia se ha devaluado.[20]

Cierto, no nos consta que los autores de dichos comentarios sean defensores militantes del «buen español», pero no es extraño escuchar a estos decir en columnas, videos de TikTok y secciones de comentarios, que un uso «*está mal* aunque la RAE lo apruebe». En 2015, por ejemplo, el filólogo español Victor M. Longa contabilizó en la obra de otro español, el periodista, escritor y autoproclamado defensor de la lengua Álex Grijelmo, al menos 33 críticas a la Real Academia Española, pero estas no parten de una perspectiva lingüística, lo que probablemente sería razonable, sino ¡de falta de rigor en su prescriptivismo!: «Cada vez resulta más difícil, por otra parte, indicar qué está bien o qué está mal dicho[...], porque el Diccionario de la Academia ha abdicado de tal misión para convertirse en un diccionario de

20 No se me malentienda, criticar a la Real Academia Española me parece un deporte saludable y recreativo, pero criticarla por registrar usos lingüísticos existentes, quizá la única labor legítimamente científica que le conocemos, es lo que –también en términos científicos– se conoce como mear afuera de la taza.

uso», se queja Grijelmo en *La punta de la lengua* (2004). ¡Qué horror, un diccionario no normativo! ¿Qué sigue? ¿Teléfonos que tomen fotos?

Quizá el ejemplo más vistoso de los últimos años sea la palabra *presidenta*, que está en el diccionario desde 1803, pero que tres siglos después sigue haciendo enojar a los puristas, que en este caso específico han decidido ignorar la disposición académica.[21] Los cargos en su contra, replicados por educadores autoproclamados y, en tiempos recientes, viralizados en redes sociales por personalidades como el parlamentario de la derecha española Andrés Rodríguez Almeida o el presidente argentino Javier Milei, puede resumirse de la siguiente forma:

> **Premisa 1:** *presidente* es un participio activo, que proviene de un verbo —presidir— y se forma con el sufijo *-ente*, a su vez participio activo del verbo *ser*.
> **Premisa 2:** los participios activos terminados en *-ente* no varían en cuanto al género —y aquí suelen ejemplificar con *cantante, estudiante,* etcétera—.
> **Conclusión:** *presidenta* es incorrecto.

Hay que imaginarse la severidad de la normativitis que uno padece para que incluso la Fundación del Español Urgente (Fundéu), una institución conocidamente prescriptivista, asesorada por la RAE, te diga que te estás pasando de purista. Al respecto, aclara en un artículo sobre el tema lo siguiente:

21 Lo cierto es que, en su primera aparición en el diccionario, la palabra *presidenta* tenía la acepción más bien peyorativa de «mujer del presidente» (la de «mujer que preside» la adquirió más tarde). Pero esta es la clase de sutilezas que Don Hispanio y Doña Norma suelen ignorar cuando se trata de instrumentalizar el diccionario para validar o invalidar usos.

1) el "participio activo" no existe como tal en español moderno, y todos los participios activos del español antiguo son hoy sustantivos o adjetivos;
2) *ente* no es, ni ha sido nunca, participio activo del verbo *ser*;
3) y de lo que sí hay evidencia, desde tiempos del latín, es del uso de la partícula *-nt-* (y no la terminación *-ente*), que puede adquirir diversas formas.

«Nada en la morfología histórica de nuestra lengua», concluye la Fundéu, «ni en las lenguas de las que la nuestra procede, impide que las palabras que se forman con este componente tengan una forma para el género femenino». Y, al grito de ¡dale con la silla!, la Fundéu añade todavía un último clavo en el ataúd: «[p]ara que una lengua tenga voces como *presidenta*, solo hacen falta dos cosas: que haya mujeres que presidan y hablantes que quieran explícitamente expresar que las mujeres presiden».

Con todo, al margen de la revisión histórica, los lingüistas saben que para que *presidenta* fuera convencional bastaba, como hemos visto antes, con que una comunidad de hablantes la considerara útil, independientemente de si el uso llega o no al diccionario, o de si obedece o no a la lógica, o de si es consistente o no con los patrones usuales del español. En realidad, esto lo saben también los Defensores del Correcto Español, sólo que no saben que lo saben: Don Hispanio Correctillo lleva décadas diciendo *sirvienta*, otro presunto participio activo (del verbo *servir*), que según su lógica tampoco debería marcarse en cuanto al género, sin provocar afilados videos virales ni agudas disertaciones gramaticales. Con algo de malicia podría acusárselo de que sus motivaciones no son lingüísticas, y que lo que le altera no es la vulneración de los sufijos, sino la terrible incomodidad de ver mujeres en puestos de poder, y que por esa razón decidió suspender por un ratito su confianza en el diccionario académico, tan inquebrantable el resto del tiempo.

Otros ejemplos de este fenómeno son *setiembre* y *almóndiga,* variantes de *septiembre* y *albóndiga,* que son populares en las listas tituladas «Palabras que no creerías que están aprobadas (*sic*) por la RAE» o «Palabras *mal escritas* que la RAE acepta». Como ya hemos visto, si han llegado al diccionario es porque siguieron un proceso determinado que da fe de que son más o menos usuales, pero su inclusión levanta sospechas, quizá porque hay quienes asocian su uso con estratos sociales con los que no les gusta asociarse, pero no porque no haya quien las use.

Y, claro, también está el caso de la palabra *bizarro,* que ha recorrido un camino interesante.

Bizarro nos llegó hace algunos siglos del italiano con el sentido de «valiente» o «generoso», y con él permaneció en el diccionario académico hasta hace una década, cuando se agregó una tercera (y, a juzgar por los titulares, «polémica») acepción: «raro, extravagante o fuera de lo común». Este último es, de toda la vida, el significado de la palabra *bizarre* en francés, de donde saltó al inglés (también *bizarre*), de donde a su vez lo adoptaron los hispanohablantes de este siglo —y, aunque la evidencia que poseo es endeble, yo elijo creer que algo habrá tenido que ver la presencia cultural de Bizarro, el famoso villano de Superman—. Visto desde el punto de vista del diccionario, esta palabra ganó un significado, lo que bien podría entenderse como un enriquecimiento de la lengua, pero el escritor venezolano Néstor Luis González, que da consejos de escritura a sus casi dos millones de seguidores en TikTok, no lo ve así: «En español hay una palabra muy hermosa que ha caído en desgracia por culpa del inglés», dice, para luego promover el uso «original» de *bizarro*, aunque sin explicar por qué razón un préstamo del inglés sería causa de caída en desgracia lingüística pero no así un préstamo del italiano, cuando la única diferencia entre uno y otro son algunos siglos de distancia.

Esta postura hace eco de la que expresara la editora española Carmen Mañana en 2014: «el término *bizarro* ha sido mal empleado desde hace un lustro. [...] Algo bizarro no es algo raro. Ese es su significado en inglés, no en castellano»; y también de la de Pedro Álvarez de Miranda, director de la edición más reciente del DLE, quien confesó encontrarla «chocante». Quizá a causa de esta resistencia, o a pesar de ella, durante la década del 2010, *bizarro* se convirtió, junto con *cultura*, en la palabra más buscada en la página web de la RAE. Cuando la tercera acepción al fin se abrió paso en la nueva edición del diccionario, las reacciones volvieron a ser no las de la obediencia ciega usual a la academia, sino de decepción. En un video sobre el tema, un creador de contenido de TikTok afirma que, al registrar la acepción en el diccionario, la RAE «dio su brazo a torcer», como si hubiera cedido a algo negativo, como si al líder de la secta lo hubieran agarrado en malos pasos.

En realidad, lo verdaderamente sospechoso habría sido que la academia se rehusara a registrarla, porque la evidencia es contundente. Un estudio realizado en España en 2018 analizó el uso de la palabra en medios periodísticos entre los años 1980 y 2015. Hacia finales del siglo XX, *bizarro* se utilizaba con variable intensidad en ambas acepciones, la de «valiente» y la de «extraño», pero a partir del año 2004 la gráfica muestra una separación creciente, digna de un melodrama, lo que da cuenta de que el significado heredado del inglés y del francés es mucho más popular hoy en día, y quizá debería estar no sólo entre las tres acepciones del diccionario, sino arriba de las otras dos que, según el estudio, han quedado confinadas a contextos específicos, como la política, la historia o la tauromaquia (aunque ahí sigue, para quien quiera usarla, así que no hay nada perdido).

Como con *presidenta, setiembre* y *almóndiga,* la motivación de la resistencia a la nueva acepción de *bizarro* parece ser extralingüística, quizá nacida, en este caso, de una renuencia a los usos que provienen específicamente del inglés —una renuencia coyuntural en términos históricos, dado que los préstamos de otras lenguas que se han integrado ya al español no parecen provocar tantas lágrimas de amargura, pero de esto hablaremos más a detalle en un capítulo posterior—. Estos ejemplos revelan una cosa fundamental, cada vez más difícil de ocultar para no ahuyentar de este libro a las buenas conciencias que se mantienen alejadas de discusiones sociopolíticas: que la normativitis no se detiene en la mera voluntad de normar, jerarquizar y obedecer, regulada por un órgano centralizado que actúe como guardián, sino que la jerarquización tiene el propósito más profundo de mantener vivas y estables otras estructuras jerárquicas, por lo general de índole social, y que la lengua no es más que su Caballo de Troya. Se ve como un regalo —el regalo de la corrección, de la educación, del buen gusto—, pero viene embarazado de los peores vicios del sistema, listos para asaltar. Por eso, es sólo cuando las acciones del guardián traicionan de alguna forma esas estructuras profundas que se pone en duda su autoridad, la misma autoridad que cualquier otro día sería irrebatible para sus feligreses.

6

«ESTÁ M
SE OYE M
LA LENGUA
CÁNONES DE

AL PORQUE

AL »:

Y LOS

BELLEZA

Miss Universo Lingüístico

Por lo general, el primer día de mis clases de escritura o de traducción hago la pregunta con la que comenzamos también este libro: ¿por qué está mal decir *haiga* o *dijistes*? Las respuestas suelen oscilar entre las que comprenden el índice de este volumen, pero una de las más intuitivas, de las más rápidas, de las que menos filtros atraviesan, es que los usos lingüísticos en cuestión «se oyen mal». Creo que es válido preguntarse, entonces, si existe un criterio estético objetivo en el cual podamos, al fin, sustentar la recreativa y autocomplaciente costumbre de juzgar el habla ajena.

La asociación entre lengua y belleza no es ni nueva ni inusual. En mis tiempos de profesor de inglés escuché a más de uno decir que «el inglés británico suena mejor que el americano», por ejemplo. En 2014 la cadena CNN publicó los resultados de una encuesta informal en Facebook para determinar cuál consideraban los usuarios que es el idioma «más sexy», y el italiano resultó ganador —por sonar «como un saxofón marca Ferrari»—, seguido por el francés. (El español quedó en tercer lugar, en caso de que te lo estuvieras preguntando). Lo intrigante es que ejercicios similares arrojan resultados diversos, con el francés o el árabe a la cabeza. Yo mismo hice una encuesta igualmente informal en Twitter y mi comunidad, compuesta en su mayoría de hispanohablantes, eligió al español como la lengua más bella.

Un patrón en los diversos artículos que abordan la cuestión es que rara vez ofrecen criterios comparativos para la selección, ni siquiera informales, y se limitan a resaltar las cualidades estéticas de cada lengua en solitario, que no son necesariamente equivalentes o comparables entre sí (como la sonoridad del italiano y la escritura del árabe, que es como comparar duraznos con sopa de fideo). Otro patrón reconocible es la sospechosa sobrerrepresentación de lenguas occidentales, y en general de idiomas populares —nada de maorí, mapudungún o chinanteco—; y otro más es que, cuando llega a aparecer alguna lengua menos popular, lo hace sólo en regiones donde dicha lengua tiene presencia (la belleza del guaraní es muy socorrida en páginas paraguayas, pero no en las españolas ni en las inglesas). En general, esta falta de consenso, ya no digamos en los resultados, sino incluso en el corpus y los criterios metodológicos, viene a comprobar lo que los lingüistas tienen muy claro: no existe nada parecido a «la lengua más bonita del mundo», porque la belleza de las lenguas está en los oídos de quienes las escuchan y en los ojos de quienes las leen.

Lo mismo puede decirse, en consecuencia, de las variantes de una misma lengua, sean geográficas o sociales. Como explican los lingüistas Howard Giles y Nancy Niedzieslki (de cuyo artículo, «Italian is Beautiful, German is Ugly», este apartado es en buena medida una paráfrasis), afirmar que, en términos objetivos, una lengua —o la expresión particular de una lengua— suena mejor que las demás implica defender una «hipótesis del valor inherente»; es decir, que las lenguas tienen valor al margen de los condicionamientos sociales o históricos, y que los hablantes estamos biológicamente predispuestos a apreciar lo que suena bien y lo que suena mal en una lengua de la misma forma en que podemos apreciar una buena música de una mala (suponiendo que esto otro tuviera también una explicación objetiva en primer lugar), y que si existen lenguas dominantes o si alguna de sus variantes se erige como la versión estándar será como una consecuencia obvia de ese valor inherente. ¿Ubicas a ese primo o excompañero de la secundaria que todos tenemos, y que cree muy convenientemente que los hombres, a diferencia de las mujeres, están «diseñados» por la evolución o por la biología para la infidelidad, aun cuando no existe evidencia científica que sustente esa afirmación? Bueno, pues haz de cuenta, y el problema de la hipótesis del valor inherente es el mismo: la evidencia sugiere lo contrario.

En una serie de estudios realizados por Giles y Niedzieslki junto con Peter Trudgill y Richard Bourhis, se encontró, por ejemplo, que los griegos suelen encontrar más placentera la variedad ateniense del griego moderno que la variedad hablada en la región de Creta. Luego, podríamos suponer que, si la variedad ateniense poseyera una belleza connatural, hablantes de otras lenguas que ignorasen el contexto social o histórico griego encontrarían también más bella la variante de la capital; sin embargo, el grupo de angloparlantes encuestados al respecto favorecieron ambas variedades equitativamente. El experimento se repitió también con las variedades del francés en París y la región francófona de Canadá, y los resultados fueron similares. A mí, por ejemplo, me parece muy bella la palabra italiana *spazzatura*: el inicio consonántico, la musicalidad esdrújula, esa doble *zz* explosiva, el sufijo que me recuerda a las indicaciones de las partituras... Pero el día en que se lo confesé a mis amigos italianos me miraron con cara de asco, porque *spazzatura* significa «basura» y a ellos les suena, bueno, a basura.

La explicación más razonable es que la belleza de las lenguas y sus variedades no es una cualidad natural que emana de ellas, sino la percepción que de ellas tienen los hablantes, y que está filtrada por las asociaciones culturales e históricas que hacemos con ellas; es decir, más plausible que la hipótesis del valor inherente sería una «hipótesis de la connotación social».

Hipótesis del valor inherente: las lenguas son bonitas o feas por naturaleza.

Hipótesis de la connotación social: las lenguas no son ni bonitas ni feas, sino que tú las ves bonitas o feas a causa de las preconcepciones sociales o culturales que tienes de su historia o sus hablantes.

Esto explicaría, por ejemplo, por qué en mi encuesta informal en Twitter el coreano mostró una presencia mayor entre «las lenguas más bellas» que en las encuestas hechas por otras personas en años anteriores: ahora, como nunca, el continente americano —en particular las generaciones más jóvenes— pasa por un periodo de infatuación con la cultura surcoreana, que se manifiesta en la sobrepresencia de *boybands* con nombre de enfermedad de transmisión sexual (¡BTS!, me corrigen mis alumnas), de telenovelas (los llamados *k-dramas*) y de películas y novelas de directores y autores de ese país (dos de las cuales me ha tocado traducir sólo este año).

También, quizá, eso explica por qué, entre mis encuestados mexicanos, la belleza del inglés, patente en toda la obra shakespeariana, no llegó ni al 3 % de los votos, y una usuaria, tras conocer los resultados, incluso encontró pertinente apuntar «Jajaja el inglés chingó a su madre claro q si».

Podríamos aventurar que, en países con una relación menos problemática con los Estados Unidos, como Japón o Italia, la lengua del monólogo de Hamlet obtendría un resultado menos deshonroso.

Lo anterior explica, por último, por qué los juicios estéticos sobre los usos marginales del español tampoco son objetivos, sino que están fatalmente influidos por las asociaciones sociales que un hablante hace a partir de ellos. Por esta razón, un hablante de la Ciudad de México que afirma sin asomo de duda que *haiga* «se oye mal», no encuentra atentados a la estética en *caiga, traiga, distraiga,* y el resto de las conjugaciones del subjuntivo que, siendo casi idénticas, usamos todo el tiempo sin que nadie se cubra los oídos. Lo mismo puede decirse de la *s* de *dijistes,* que hace chirriar los tímpanos, pero que, por arte de magia, se vuelve estéticamente neutral en *dices, dijeses, dirás, dirías* y el resto de las conjugaciones de la segunda persona del singular. Y lo mismo aplica para las redundancias, que provocan gestos de desprecio en los posesivos («***su*** casa ***de ella***») pero no en la duplicación del objeto indirecto («***le*** pedí dinero ***a mi papá***»). En los tres casos, la presunta y selectiva fealdad es más bien una máscara para otras características que algunos sectores de la sociedad digieren mal, como la pertenencia a ciertos grupos sociales o económicos.

De sesenta y ocho reinas de belleza que han ganado el concurso de Miss Universo, sólo seis han sido mujeres negras, y la primera de ellas lo hizo apenas en 1977. A partir de este hecho podríamos concluir dos cosas: la primera es que antes de ese año no había mujeres negras suficientemente bellas, lo que resulta muy improbable; la segunda es que la percepción de los jueces (al igual que los criterios de participación) está atravesada por la forma en que se ha ido reconfigurando socialmente el mundo, y con él el concepto de belleza, a lo largo de los últimos dos siglos. (Incluso si apeláramos a criterios objetivos, habría que explicar entonces por qué esos criterios inamovibles y naturales se debilitaron en las últimas décadas, que casualmente experimentaron un cambio social). Con las lenguas y sus variedades, al parecer, ocurre lo mismo: los cánones de belleza llevan a cuestas una ineludible carga cultural, y por ello resulta problemático afirmar, mientras no sea como un explícito gusto personal, que una forma de hablar es más o menos bella que otra.

Lo que vienen siendo las muletillas

A pesar de lo ya dicho, un grupo de palabras o sonidos sobre cuya fealdad parece haber consenso es aquel que se usa de forma reiterada e involuntaria.

La palabra *muletilla* no es un término científico y, por lo tanto, es difícil estudiarla con rigor, pero no por ello es menos común escucharla en los materiales que presumen reflexionar sobre la lengua o en los consejos para hablar en público. Fernando Miralles, campeón de oratoria en España con 1.6 millones de seguidores en TikTok, se refiere a ellas como «ruidos que no aportan valor a la conversación y que tenemos que evitar a toda costa»; por su parte, Paco Benítez, que en su canal de la misma red social se autodenomina «CEO de Public Speaking» (con casi dos millones de seguidores), afirma que el uso de las muletillas provoca que el oyente te considere «una persona que no sabe de lo que habla, que eres insegura o que tiene miedo». Y, claro, sería una mentira sugerir que escuchar una retahíla de *eeeehhh* y *esteeee* desbordadas por encima de una idea simple es una experiencia agradable, pero una vez más la lingüística ha metido las manos al lodo que nadie quiere pisar para descubrir que nada es blanco o negro.

Imagínate una ciudad sin señales de tránsito. Es probable que resulte difícil ubicarse en ella, quedarte de ver con alguien en una calle específica, o siquiera saber si la avenida por la que quieres conducir tiene el sentido que necesitas tomar —y sería sin duda algo más hostil con los peatones de lo que ya suelen ser las ciudades de la vida real—. Más o menos así sería el habla de las personas sin lo que los lingüistas llaman *marcadores discursivos*.

Marcadores discursivos. El enorme catálogo de frases o palabras que no tienen una función *dentro* de las oraciones, pero que funcionan como pegamento temático *entre* ellas («no sé si ir a la fiesta; *o sea*, no sé si tengo ganas»).

Entre esos marcadores —o como un concepto que se traslapa con ellos, según qué autor se consulte—, se encuentran los llamados *expletivos*, que el lingüista español Luis Cortés Rodríguez define como formas ya vacías de significado que se usan para retardar el discurso y ganar tiempo cuando no se sabe qué decir o se quiere reelaborar lo ya dicho («bueno», «esteeee», etcétera).[22] Según el propio Cortés, lo que llamamos muletilla sería un expletivo del que se hace un uso «abundantísimo e inconsciente». En cualquier caso, además de por la repetición, vemos entonces que los enemigos jurados de las muletillas suelen denostarlas subrayando su ociosidad («no aportan valor») y las etiquetas que el oyente atribuye por asociación a quien las usa, como la desidia o la inseguridad.

22 Otras definiciones de *expletivo* incluyen aquellos que se usan para dar sonoridad o énfasis a una frase, aunque no aporten significado (decir, por ejemplo, «qué buena *que* está esta paella» en vez de «qué buena está esta paella»).

Podríamos en principio problematizar esa idea de que, si algo es ocioso, por lo tanto es feo, o cuando menos impertinente.

Pensar que todo lo que existe en la lengua debe servir para algo es una postura más bien utilitarista, que no considera la lengua más que como un mero instrumento. No es raro escuchar que una lengua es una «herramienta de comunicación», y en cierto sentido es verdad, pero es una verdad a medias, y para entender a hasta qué punto, pensemos en otra «herramienta»: la vestimenta.

Es un hecho conocido que la ropa es un método para cubrirse del frío y del sol, pero a nadie le queda duda de que esta tiene también otros fines, como atestiguan siglos de moda y de usos expresivos, políticos y sociales de toda clase de prendas. Un idioma es igual: tiene una finalidad elemental, pero reducir a eso nuestro entendimiento de él sería como creer que todos deberíamos andar vestidos igual, con uniformes monocromáticos que cumplan las funciones básicas, como los humanos de la *Wall-E* (2008), que no por nada han perdido el rumbo de su humanidad.

Más que una simple herramienta comunicativa, una lengua es un hecho cultural en sí mismo. Y la cultura no existe *para algo*; existe y punto. Nuccio Ordine lo resume en su manifiesto *La utilidad de lo inútil*: «la esencia de la cultura se funda exclusivamente en la gratuidad». Asimismo, muchos usos lingüísticos, como hemos visto antes con la metáfora de las burbujas en la sopa de John McWhorter, aparecen y desaparecen por diversos motivos, a veces azarosos, sin que por fuerza medie lógica o utilidad inherente. Por último, con qué cara nos quejaríamos de las muletillas por inútiles, cuando nuestro más alto español, ése al que aspiran Don Hispanio y Doña Norma, cuenta con dos formas ¡para exactamente el mismo verbo! (*hubiera/hubiese*) y signos de puntuación sin los cuales el resto de las lenguas se las arreglan sin el menor problema (¿, ¡).

Por si fuera poco, aun si nada de lo anterior fuera cierto, resulta que algunas muletillas tienen de hecho más utilidad de la aparente.

Una serie de estudios que analizaron el uso de *uh* y *uhm* en el inglés (equivalentes a nuestros *eh* y *mmm*, porque sí, las muletillas son comunes en todas las lenguas humanas) encontró que estas aparecen con mayor frecuencia antes de que ocurra un incremento en la complejidad semántica (de significado) o sintáctica (de estructura) de lo que se está diciendo; o sea, es estadísticamente más probable que digas *mmmm* antes de decir *hermenéutica* que antes de decir *agua*. Hasta aquí nada nuevo, quizá, pero lo emocionante empieza al descubrir que desde un enfoque comunicativo este patrón implica algo más: estas muletillas no sólo señalan una vacilación en el enunciante, sino que también predisponen a quien escucha —no a considerarte una persona miedosa e insegura, como sugería Paco Benítez, sino en un sentido más elemental y subconsciente—: los hablantes sabemos, sin saberlo, que cuando una muletilla aparece, es muy probable que detrás venga un elemento más complejo, difícil, abstracto o simplemente más digno de atención que lo demás. Y nuestros cerebros se preparan para recibirlo.

En un experimento, a los sujetos se les dio una frase escrita, que debían completar con una de dos opciones de palabras; luego se les leía en voz alta la frase y, en la mayoría de los casos, cuando se incluía una muletilla antes de la palabra faltante, los participantes se adelantaban a elegir la opción más abstracta o más compleja.

Otro de los estudios demostró además que las muletillas pueden tener un beneficio mnemotécnico; es decir, son gasolina para la memoria. Los sujetos recordaron haber escuchado durante pruebas anteriores las palabras que habían estado precedidas de una muletilla mejor que las que no. Esto quizá explica por qué, cuando vas a hacer una pausa en el discurso, tu cerebro prefiere hacerte emitir un ruido raro en lugar de simplemente guardar silencio como recomiendan muchos gurús de la ortaoria. Por otro lado, en una conversación, el silencio indica el turno de tu interlocutor, así que las muletillas son una forma útil de anunciarle: «no sé bien qué sigue pero no he terminado, así que por fa no me vayas a interrumpir». De hecho, algunos estudios sugieren que la razón por la que ciertas muletillas se reconocen como propias del habla femenina (por ejemplo, el famoso *like* del «inglés de chica californiana», quizá equivalente al *tipo* de algunas «chicas fresas» mexicanas) se debe al hecho de que a las mujeres se las interrumpe con más frecuencia que a los hombres, por lo que su variante lingüística incorpora una mayor cantidad de herramientas para alertar al interlocutor de que el mensaje no ha terminado. O sea, es posible que las muletillas hagan más por la lucha contra el *mansplaining* que todos los hombres de tu familia combinados.

Quién lo diría: parece que las muletillas no son siempre tan ociosas e inútiles como nos contaron.

El lingüista español Esteban Montoro del Arco, por ejemplo, analizó en un artículo el uso de la expresión «lo que es» (y de paso su hermana mayor, «lo que viene siendo»), generalmente considerada una muletilla, y lo que encontró es que, si bien se trata de un uso minoritario en la población estudiada (Granada, España, aunque dicha expresión no es para nada ajena en otros países), suele servir a un propósito, por ejemplo, para focalizar o matizar lo que viene siendo un elemento posterior. Y quizá lo mismo pueda decirse de otros «tics verbales» comunes. Contrario a la fama de vagas y buenas para nada que suele atribuírsele, las muletillas no son sólo ruido blanco, sino que pueden llevar en sí mismas partículas de significado, y a veces uno bastante útil.

Por otro lado, está el problema de la imagen.

Cuando alguien no usa muletillas, dice Paco Benítez en su video, «se proyecta como una persona más profesional, como una persona que sabe de lo que habla, como una persona con más autoridad», una afirmación que parece hacer eco del perfil empresarial o «de liderazgo» que permea una gran parte de los contenidos sobre el tema. En ese sentido, no le falta razón en desaconsejarlas, puesto que en esos contextos suele dársele importancia a esa clase de cosas. Quizá el error sería equiparar «más profesional» o «con más autoridad» con *mejor*, una asociación que a veces hacemos por *default*, y no sólo con la lengua, sino también con otras cosas, como la ropa o hasta los apretones de manos (saludos a tu tío que se leyó un libro de liderazgo y autoayuda y ahora saluda como si quisiera cerrar una fuga).

Cabe preguntarse, no obstante, si en cualquier contexto lo ideal es aparentar profesionalismo y autoridad. Pienso, por ejemplo, en un salón de clases. Quizá en otros tiempos, para un profesor era importante mostrar autoridad, pero hoy en día sabemos —y los estudios en psicología y en pedagogía mayormente respaldan— que los alumnos aprenden mejor en ambientes relajados de colaboración y negociación, por lo que, siempre y cuando las muletillas no sean demasiadas que comiencen a oscurecer el discurso y entorpezcan la transmisión del contenido, quizá sea incluso buena idea espolvorear algunas por aquí y por allá, porque, al menos en un salón de clases, de poco sirve un profesional de primera que no sea también un maestro suficientemente humano (no en su acepción moral, sino en la de «contrario de *robótico*»), sin contar, además, lo ya dicho sobre el posible uso estratégico de las muletillas como, ehh, recurso mnemotécnico.

Lo mismo ocurre con las llamadas «muletillas» de validación. Quizá no sea lo ideal terminar una frase con un «¿no?» si uno está tratando de convencer a un grupo de inversionistas de las bondades de un nuevo producto, pero quizá sí, de vez en cuando, en una charla que no tenga como propósito la persuasión sino, por ejemplo, la empatía; a veces, de hecho, matizar una afirmación es una cortesía a la inteligencia del interlocutor, a quien se le reconoce el derecho a no estar de acuerdo. Todo esto puede sonar obvio para algunos, pero es importante señalarlo porque otros parecen olvidar que el mundo está poblado de todo tipo de personas, y no sólo de inversionistas.

Por último, podemos conceder que la repetición, sobre todo si es insistente, puede ser en efecto fastidiosa, pero también en este punto hay que saber diferenciar qué tanto de lo que nos resulta antipático es la reiteración simple y llana, y qué tanto nuestra molestia está contaminada de nuestros sesgos sociales; no es casualidad que los gurús del habla corporativa proyecten en las muletillas todos los defectos que asocian con «los perdedores»; no es casualidad tampoco que muchas palabras que aborrecemos oír repetidas sean las utilizadas por las generaciones más jóvenes, un grupo lingüístico que la sociedad adora fustigar (volveremos a esto en el capítulo siguiente): pasó hace un par de décadas con «o sea», y ocurre ahora con «tipo» o «literal». Y tal vez esto explique también por qué comencé a escuchar con mayor persistencia la palabra «*like*» entre los estadounidenses «nómadas digitales» que viven en mi colonia a partir de que las rentas empezaron a subir de precio y la salsa roja de los restaurantes dejó de picar, y no antes. Como con otros usos lingüísticos, a veces trasladamos a las muletillas los prejuicios y los fantasmas que llevamos a cuestas, y una vez marcadas, las oímos en todas partes, las oímos más.

Okey, si admitimos usar un criterio estético, las muletillas pueden no ser la flor más bella del ejido, pero tampoco se merecen la erradicación total ni toda la mala prensa que se les da. Su fealdad es una forma de su belleza; son bellas a la manera del teatro del esperpento, de la literatura del realismo sucio o de la estética visual de Ren y Stimpy.[23] Es razonable, hasta cierto punto, enseñar y aprender a volvernos conscientes de ellas, especialmente cuando la dosis amenaza con sabotear la comunicación, pero más razonable aún es entender su uso en contexto e incluso aprender a dominarlas y usarlas a nuestro favor, en vez de arrojarlas al fuego eterno de la incorrección. Míralas ahí, todas chuequitas y temerosas, esperando a que alguien les dé una oportunidad y las quiera bonito.

Algo sobre las pinches groserías

Gracias a un grafiti grabado en el lupanar de la ciudad de Pompeya (destruida por la explosión del Vesubio en el año 79 de la era común) y al egregio trabajo de los arqueólogos, tenemos noticia de que un 15 de junio alguien llamado Hermeros se cogió a Filetero y a Caphisus. Esto puede darnos una idea de cuán antigua es la tradición humana de verbalizar lo que la sociedad considera prohibido. En el terreno de la lengua, quizá no haya palabras más tabú, y por lo tanto «más feas», que las groserías y, dado que entran en el terreno de lo que «no debe decirse» o «está mal decir», parece tener sentido que ocupen su propia parcelita en un libro sobre la incorrección lingüística, pero al mismo tiempo veremos que quizá no tienen mucho que hacer aquí.

23 Si eres demasiado joven para entender esta referencia televisiva... pues googléala, que para eso naciste en la era del internet, pequeñín.

La Academia Mexicana de la Lengua dice que las groserías son «formas para expresar descortesía o faltas de atención y respeto», pero aclara más tarde por qué esa definición inicial se queda un poco corta. Las «malas palabras» aparecen, sí, en los insultos («¡pon las direccionales, pendejo!»), pero también en la expresión emocional («¡puta madre, pisé algo suavecito!») y en la expresión de pertenencia («¡Viva México, cabrones!»). Es difícil definir qué sí es y qué no es una grosería, porque lo que se considera irrespetuoso o descortés, o si cierto grado de descortesía rompe o no el acuerdo social entre dos o más personas, depende enteramente del contexto (la Academia puntualiza, eso sí, que suelen ocurrir en el registro coloquial).[24]

Grosso modo, las «malas palabras» aluden a tabúes sociales, como el sexo, la religión, los desechos corporales o, como en México, la madre (las mejores, por lo general, hacen creativas combinaciones tomando elementos de dos o más de estos campos semánticos); también pueden aludir a las capacidades intelectuales del objetivo o a las comparaciones con otras entidades, ya sean físicas (por ejemplo, animales) o abstractas (el danés tiene *kanker*, una fuerte grosería que hace referencia al cáncer... La enfermedad, claro, aunque sería interesante que se tratara del signo zodiacal). Pero, incluso si tenemos algunas certezas a nivel cultural, el contexto particular puede voltear de cabeza las reglas del juego: por ejemplo, podemos estar de acuerdo en que *pinche estúpido* es una grosería más fuerte que *tonto*, pero lo más seguro es que percibas una ofensa mayor si un profesor te llama *tonto* al devolverte un examen que si tu amigo de toda la vida te dice *pinche estúpido* mientras

24 Lo que permite chistes como aquel en el que me etiquetan cada semana en TikTok: «Necesito su ayuda: ¿cómo se dice? ¿"Chinga a tu madre" o "chingas a tu madre"? Es que estoy redactando un correo para mi jefe y quiero sonar profesional».

te mira limpiar de la suela de tu zapato eso suavecito que pisaste accidentalmente en la calle.

Sin embargo, aun si partimos de la concesión de que, en la práctica, sabemos a qué nos referimos con la expresión «malas palabras», estas no suelen considerarse un error lingüístico en el sentido en que sí se consideran muchos otros ejemplos de este libro, sino que son más bien palabras que «suenan feo» en una dimensión más claramente separada de la gramática o la ortografía: vamos, que la vez que grité «¿ahora qué chingados?» en la secundaria y resultó que quien me hablaba era una maestra, no me bajaron, sino que me mandaron un reporte disciplinario, y prácticamente no encontramos instituciones ni creadores de contenido desaconsejando su uso, y si los hay, según mi búsqueda, se encuentran en el espectro temático de la etiqueta y hasta de la religión, mas no el de la lengua; por el contrario, hace algunos años la propia RAE orientó a un atormentado usuario de Twitter sobre la forma más «correcta» de insultar a alguien: «'Hijo de puta' es la forma estándar, pero 'hijueputa' es válida como reflejo de la pronunciación coloquial americana», afirmó la ilustre institución, haciendo honor a su viejo lema, «Limpia, fija y da esplendor». Esto ejemplifica, por un lado, que ni siquiera las palabrotas están a salvo de esa manía académica de dictar lo que es «válido» y lo que no, pero sobre todo que la incorrección de la que son protagonistas pertenece a un terreno más transparentemente social, el de la cortesía, el pudor y la moral.[25]

---

25 Otro caso interesante de «incorrección» claramente extralingüística es lo que le pasó a la cantante italiana Laura Pausini durante un promocional que compartió con dos hispanohablantes, los también cantantes Ricky Martin y Alejandro Sanz. Al inicio de la conversación, ella dice «les queremos dar las gracias yo, Alejandro y Ricky», lo que provoca que el madrileño la corrija («En español se dice 'Ricky, Alejandro y yo'»). En términos gramaticales, la posición del yo respecto a los demás sujetos de la oración es intrascendente y no cambia en nada el enunciado, pero, a diferencia del italiano, donde el pronombre de primera persona se inserta al inicio, en español la convención es enviarlo al final de la lista como una señal de cortesía, una forma discursiva de ceder el paso.

No obstante, hay algunos cruces en los que las malas palabras se encuentran con los demás parias lingüísticos que hemos abordado, y por ello vale la pena dedicarles algunos párrafos.

En primer lugar, comparten con ciertas muletillas y con los anglicismos la acusación de ser síntoma de pobreza léxica. Una creadora de contenido en TikTok con más de medio millón de seguidores afirma en un video con las etiquetas #aprendizaje, #lecciones y #modales que «si usas esto [se refiere a las groserías], de pronto no desarrollas bien el lenguaje y no te sabes expresar»; asumiendo que ella no las dice, habrá que investigar en otro lado por qué se le perdieron los recursos lingüísticos para evitar ese pronombre *esto,* tan bombacho e impreciso. Más importante, sin embargo, es el hecho de que no hay evidencia que sostenga esa afirmación, que se trata más bien de una falsa dicotomía. No sólo, como veremos más tarde, los datos muestran que las generaciones más jóvenes están mejorando en competencia comunicativa con el tiempo, sino que, al igual que pasa con algunas muletillas y con los anglicismos, por lo general las palabrotas no sustituyen a otras palabras en la totalidad de los contextos, sino que son paralelas a estas, manteniéndose en las periferias de los registros formales.

Una serie de estudios realizados en Estados Unidos en 2015 por Kristin L. Jay y Timothy B. Jay, por ejemplo, encontró que no existía correlación entre una mayor fluidez en la utilización de palabras tabú y la fluidez comunicativa general, sino que, por el contrario, había una correlación positiva entre la fluidez majadera y la fluidez general. Entonces, el empleado de la oficina de hacienda que acaba de entorpecer un trámite que te urge puede ser un *pendejo* cuando se lo cuentas a tu esposa, pero un incompetente en el buzón de quejas, y el uso de la primera opción no significa que ignores la existencia de la segunda; esto explica también por qué muchos elocuentes escritores e intelectuales son prodigiosos majaderos. A veces, el prejuicio se refugia en la defensa de los más jóvenes, el miedo de que su vocabulario se vea infectado y estropeado para siempre por el exceso de vituperación, pero como sabe cualquiera que haya pasado por la adolescencia, ese periodo de, digamos, exploración léxica, es en la mayoría de los casos transitorio, y lo que sí muestra el grueso de los estudios es que el vocabulario de las personas tiende a incrementarse con la edad. Las groserías no inhiben el aprendizaje de nuevas palabras; si acaso, entre las nuevas palabras aprenderemos algunas nuevas groserías —nunca olvidaré la vez que oí a un desconocido gritar «¡verga de pato!»—. Nuestros esfuerzos pedagógicos, en todo caso, tendrían que estar enfocados no a la demonización de las palabrotas (con el suficiente tacto, los paréntesis culturales adecuados y el debido respeto, pueden volver una clase muy divertida), sino a la identificación certera de los contextos en los que pueden resultar efectivas y aquellos en los que te granjearán un silencio incómodo, una reprimenda o una enemistad.

También encontramos algunas intersecciones entre las majaderías y las muletillas en el hecho de que tienen beneficios inesperados. La científica inglesa Emma Byrne explora algunos de ellos en su libro *Mentar madres te hace bien* (*Swearing is good for you*). Por ejemplo, el hecho de que generalmente el uso de groserías tiene una correlación positiva con la honestidad, por lo que una palabrota bien colocada, en el contexto adecuado, puede jugar a tu favor —una certeza que ciertos políticos como Donald Trump en Estados Unidos o Javier Milei en Argentina, han sabido explotar, muy al margen de si la honestidad que proyectan se traduce a la realidad—. Otra ventaja, que los más recatados encontrarán sorprendente es la forma en que las majaderías, cuando el uso es compartido, pueden mejorar el ambiente en los equipos de trabajo. Por último, está el descubrimiento de que las palabrotas tienden a modificar nuestra percepción del dolor, por lo que funcionan como una especie de analgésico gratuito —nada despreciable en este mundo de sistemas de salud privatizados—, y de que en general aportan un matiz emocional a la información proporcionada. Byrne reconoce que la eficacia comunicativa depende de la dosificación y la comprensión del contexto: «Decir groserías es como la mostaza; un gran ingrediente, pero una pésima comida», pero al mismo tiempo afirma que al proscribirlas de tajo en las escuelas en vez de ayudar a los alumnos a estudiarlas en contexto y como parte de la comunicación humana, «los estamos dejando en una desventaja cultural».[26]

Una cosa interesante de las palabrotas es que funcionan como una radiografía cultural: nos hablan de qué cosas son un tema delicado para tal o cual cultura en un momento histórico determinado. Para algunos es la enfermedad, como el ya citado *kanker* de los daneses, para otros la religión (y por eso no es raro que en las culturas más religiosas los peores improperios sean indistinguibles de las blasfemias), para otros la ruptura con los protocolos sociales (como el japonés, que puede insultar simplemente utilizando la versión más informal del pronombre «tú»). Compárese cómo reaccionarían respectivamente un hablante español, otro argentino y otro mexicano a un evento frustrante: «¡Me cago en Dios!», «¡La puta que lo parió!», «¡Chingada madre!», y trátese de analizar los tabúes correspondientes.

Byrne cita otros estudios (como los de Susan Hughes en 1990 y el de Claudia Berger en 2002) que comprueban

26 La traducción de las citas del libro de Emma Byrne es la de la edición mexicana, realizada por Matilde Schoenfeld Liberman.

rigurosamente un caso llamativo que, por lo demás, puede intuir de forma empírica cualquiera que haya pasado más de un día entre ejemplares occidentales de nuestra especie: la diferencia entre los insultos que usamos para los hombres y para las mujeres. Las peores majaderías reservadas a estas últimas son las que sugieren una actividad sexual elevada, mientras que para los hombres las peores sugieren una actividad sexual escasa, o al menos escasa con mujeres (todo lo cual se verifica en el español mexicano). El diagnóstico no nos deja muy bien parados: el punto de todas esas palabrotas es mancillar la respetabilidad del destinatario, y al parecer nuestras sociedades todavía no consideran dignas de respeto la libertad sexual de una mitad de la población ni la orientación sexual de la otra, por decir lo menos.

Resulta curioso entonces que muchas instancias busquen disuadir el uso de groserías con la bandera del respeto, pero no se tomen la molestia de analizar cuán ofensivos pueden ser sus criterios de respetabilidad. Esto se parece mucho a lo que ocurre con la lengua: muchas instancias (casi siempre las mismas, sospecho) promueven vigorosamente la corrección, pero ni de chiste se detienen a pensar en si sus criterios de corrección tienen sentido. En ambos casos parece importar más la obediencia acrítica a la norma que la razón y la funcionalidad. En contraste, la desobediencia se percibe como una falta de buena conducta. Comenzamos este apartado diciendo que quizá, dado que no son «errores» *per se*, las groserías no deberían estar en un libro sobre la incorrección lingüística; lo verdaderamente retorcido —y la razón por la que definitivamente están en este libro— es que la condena social de la incorrección lingüística se parece mucho más a la condena moral de las groserías que a un análisis lingüístico serio. Chingaderas, pues.

7

«ESTÁ M ASÍ HABLAN OTROS»: LA Y EL PODER

AL PORQUE

LOS

LENGUA

...que siempre la lengua fue compañera del imperio.
—Antonio de Nebrija, prólogo
a la *Gramática de la lengua castellana*

El número ocho

En la clásica película *Doce hombres en pugna* (o *Doce hombres sin piedad* en España), un jurado debe decidir si condenar a muerte o perdonarle la vida a un chico acusado de asesinar a su padre. Su labor es discutir la evidencia presentada en la corte y llegar a un acuerdo unánime —porque basta con que uno de ellos no esté de acuerdo para invalidar el veredicto—. Todo apunta a que el adolescente es culpable, y nadie se acomoda demasiado porque nadie cree que pasará en esa sala más que algunos minutos... Hasta que el jurado número ocho, interpretado por Henry Fonda, propone revisar la evidencia. «¿Crees que es inocente?», le preguntan los demás, fastidiados, y él responde que no, pero que están ahí precisamente para revisar la evidencia, no para darlo todo por descontado. Entonces, y durante el resto de la historia (alerta de *spoiler* para una película de 1957, supongo), los jurados van descubriendo, uno a uno, que las pruebas de la culpabilidad del chico no eran tan contundentes como parecían, y la balanza cambia gradualmente hacia el veredicto contrario. Pero lo más interesante de la película no es el cambio de opinión en sí mismo, sino aquello que lo inhibía; cuando la verdad va quedando desnuda, se revelan las verdaderas razones que impedían verla con claridad: están, claro, el jurado número 7, al que le preocupaba más llegar a ver un partido de los Yankees, o el número 12, que tiene un problema de indecisión, pero también están el jurado número 3 —el último en cambiar de opinión—, resentido de una herida personal que proyecta en el juicio y el 10, que tiene un fuerte prejuicio racial contra la etnicidad del acusado.

A lo largo de este libro he tratado de que juguemos a ser el jurado número ocho de la lengua; de que, incluso si estamos convencidos de inicio, revisemos la evidencia lingüística para determinar si de verdad vale la pena condenar aquellos usos sobre cuya culpabilidad no parece haber duda. E, idealmente, al igual que en la película, con el transcurrir de los capítulos previos hemos podido vislumbrar que, entre las grietas de los argumentos en contra —por lo general defectuosos, selectivos o contradictorios—, se asoman aquí y allá las verdaderas motivaciones (y, sobre todo, los efectos) de la normativitis, motivaciones que tienen menos que ver con *qué* se dice y más con *quién* lo dice. La lingüista y activista mixe Yásnaya Aguilar lo pone en los siguientes términos:

> **[N]o es posible elegir cuál de todas las lenguas existentes vamos a aprender, desarrollar o adquirir [...]. Sin embargo, cuando ya hemos adquirido una lengua no elegida, esta lengua llega a nosotros atravesada de hechos, implicaciones y comportamientos sociales más complejos que la gramática misma.**

Por su parte, el lingüista inglés John Edwards resume el problema resultante con precisión quirúrgica en su libro de introducción a la sociolingüística (las negritas son mías):

> **Hay de hecho amplia evidencia académica de que todos los dialectos son sistemas de comunicación válidos y que ninguno es intrínsecamente mejor o peor que el resto [...]. Los problemas surgen porque no todas las comunidades de hablantes tienen el mismo prestigio social, porque la norma lingüística de quienes están en el poder se vuelve dominante, y porque el dominio social, en la lengua al igual que en cualquier otro tema, hace que la diferencia se confunda con deficiencia.**

Hay casos en los que lo anterior resulta muy obvio: el desprecio a usos como *haiga* y *dijistes,* que carece de bases lingüísticas, se sustenta prácticamente por completo en la voluntad de reproducir una estructura de poder y de aspiración relacionada con la clase y en ocasiones la raza (que, al menos en México, son dos caras de una misma moneda). Por eso, también, como hemos ilustrado en algunos capítulos, hay usos «ilógicos» o «minoritarios» que serían motivo de escarnio en un grupo marginado, pero pasan inadvertidos en hablantes con algún grado de poder o influencia social.

Pero, antes de salir de este pozo en el que nos metí, toquemos el fondo y veamos un par de ejemplos más de cómo las estructuras de dominación se cuelan entre nosotros ocultos en el caballo de Troya de la corrección lingüística.

Los jóvenes están arruinando el idioma (otra vez)

«Qué choto, abuelita, no estás wachando el flow», le dice mi sobrina a mi tía, que voltea desamparada a ver a mi prima —madre e hija, respectivamente, de ellas— para que ejerza de traductora *baby boomer - centennial* y le explique que lo que mi sobrina quiso decir equivaldría en español antiguo a «qué chafa, abuelita, no estás agarrando la onda». Todos en la mesa reímos, pero nuestra alegría es en realidad una excepción en la historia de las diferencias lingüísticas intergeneracionales.

«Los jóvenes de hoy ya no se ponen de pie cuando los mayores entran al cuarto», se quejaba amargamente un señor cuatrocientos años antes de la era común. Sócrates, se llamaba. Después de él la cantidad de gente que ha expresado un malestar similar no ha hecho sino crecer con sorprendente falta de originalidad. Si creemos todas estas quejas al pie de la letra, podremos concluir que todas las generaciones son la peor generación; los jóvenes han arruinado el mundo tantas veces que por su culpa vivimos permanentemente justo al borde del abismo. Desde los filósofos de la Grecia antigua hasta los titulares que se lamentan porque los *millennials* (nacidos entre 1980 y principios de los 2000, más o menos) no queremos tener hijos y estamos destruyendo la industria del golf, o porque la generación Z (entre mediados de los 2000 y mediados de los 2010) no quiere trabajar de 8 a.m. a 5 p.m. y se la pasa bailando en TikTok, parecería que lo único que todas las generaciones tenemos en común es que la siguiente ahora sí es la peor de todas. Parece, por lo tanto, que todos incurrimos de algún modo en *edadismo,* que según la Organización Mundial de la Salud (OMS) es «la forma de pensar (estereotipos), sentir (prejuicios) y actuar (discriminación) con respecto a los demás o a nosotros mismos por razón de la edad», un problema que aqueja sobre todo a los más viejos y a los más jóvenes.

La lengua, como suele ser el caso, replica este sistema de pensamiento. En su libro *El sentido del estilo,* el famoso psicólogo y lingüista Steven Pinker afirma —ilustrando su afirmación con ejemplos de quejas que se remontan a

1785— que «cada generación cree que los jóvenes de ahora están degradando el idioma y a la civilización junto con él», para luego citar al académico inglés Richard Lloyd-Jones, según el cual se han logrado descifrar tablillas de arcilla sumerias en las que ya pueden leerse lamentos sobre el deterioro de las capacidades de escritura entre los jóvenes.

El último ejemplo del que tengo noticia es una columna de opinión publicada hace unas semanas en *Milenio*, titulada «El español se desangra», en la que la escritora mexico-nicaragüense Ligia Urroz advierte el peligro de muerte en que se encuentra nuestra lengua por culpa del habla juvenil: «se acortan [las palabras], se olvidan los sinónimos, se sustituyen los vocablos por signos o emoticones», dice, entre otras quejas que van desde las faltas ortográficas hasta las canciones de reguetón (Alexa, quita la música) y termina profetizando que, de seguir así, ya no podremos comunicarnos. Hice una búsqueda rápida en Google sobre el tema y encontré algunas de las opiniones recurrentes, la mayoría de docentes y comunicadores: el internet y las redes sociales han contaminado el habla y la escritura de los jóvenes; los métodos de enseñanza son ya demasiado permisivos; jamás como ahora se advierte una pobreza léxica en los estudiantes, y estos muestran un desinterés sin precedentes en el correcto uso nuestro hermoso idioma... Las palabras «degradación», «flojera» y hasta «degenere» vuelan por aquí y por allá entre los suspiros de nostalgia por un pasado mejor. Mientras leía las diatribas en blogs y redes sociales no podía dejar de pensar en la contundente frase de un filósofo de finales de siglo XX y principios del XXI, Homero Simpson, cuando dijo: «Ahora la onda que tengo no es onda. Y la onda de onda me parece muy mala onda. ¡Y te va a pasar a ti!».

El problema es que la evidencia no parece respaldar estos lamentos. Problema para los Don Hispanios y las Doña

Normas, claro, no para el grueso de hablantes. En principio, hay que recordar que la lengua se adquiere en casa, no en la escuela, y las nuevas generaciones lo están haciendo con la misma naturalidad y competencia con la que lo han hecho todas. Ahora, si se trata de que sepan leer y escribir, los índices de alfabetización desmienten las quejas: al menos en México, según el Inegi, la tasa de analfabetismo de casi el 26 % que había en 1970 se redujo en 2020 al 4.7 % de la población. En cuanto a su desempeño en la materia de español, es verdad que los resultados de las pruebas nacionales de evaluación educativa suelen arrojar resultados bochornosos en alumnos de educación básica y media, pero cuando menos no parece que la cosa esté empeorando: si atendemos a las cifras oficiales, la prueba ENLACE mostraba en el periodo 2008-2010 que entre el 60 % y el 80 % de los alumnos entre primaria y preparatoria se encontraban en los niveles de desempeño más bajos para español y matemáticas, mientras que en el periodo 2017-2019, la prueba PLANEA (heredera de ENLACE) arrojó un 49 % en el nivel más bajo de Lenguaje y Comunicación para alumnos de sexto de primaria, y un 34 % para secundaria y preparatoria. El resto de los alumnos se encuentra ya como mínimo en el nivel básico, lo que implica que ya son capaces de «relacionar segmentos de información explícita, establecen significados de elementos no explícitos en textos narrativos y expositivos, y pueden utilizar conjunciones y nexos en las oraciones complejas».

¿Por qué, entonces, los adultos insisten en advertir el resquebrajamiento de la civilización en el habla de los jóvenes?

En primer lugar, se trata de una serpiente que se muerde la cola: no es que la forma de hablar de los adolescentes, por ejemplo, sea inherentemente floja, pobre o superficial, sino que muchos adultos presuponen que los adolescentes son superficiales, flojos e intelectualmente más pobres, y por asociación atribuyen esas características a los usos lingüísticos de los hablantes en cuestión. Esto explica por qué muletillas como «literal» en México o «en plan» en España les resultan tan chocantes a muchos adultos; no es que descuellen de alguna forma especial entre otras muletillas, ni que sean más «inútiles» o más repetitivas que las que usan otros grupos sociales o se han usado en otras épocas; no es, como hemos demostrado antes, que sean más «ilógicas» (una crítica común a «literal» en los comentarios de mis videos es que los jóvenes que lo usan «no entienden lo que están diciendo»). Más bien, los críticos piensan que los jóvenes tienden a la inutilidad, a la pobreza léxica y a la irracionalidad, e infunden dichas muletillas con esas etiquetas, que a su vez se convierten en conveniente evidencia de su hipótesis sobre los hablantes.

En segundo lugar, la percepción apocalíptica sobre el habla juvenil se debe a la piedra angular de la normativitis: la confusión entre lengua y lengua estándar. Cuando alguien se lamenta porque los jóvenes «hablan/escriben mal el español» no se refieren a su competencia lingüística y comunicativa general, sino a qué tan frecuentemente se alejan de las convenciones de la variedad del español que se enseñan en las escuelas, una variedad que, como hemos visto antes, es una versión muy reducida, en buena medida artificial, y útil más que nada para contextos formales. Esta confusión solidificada en ideología produce juicios implacables: si, en un mensaje de texto, un adolescente escribe «q» o «ke» en lugar de «que», será porque «escribe incorrectamente» y por lo tanto «está degradando el español», aunque en la realidad las cosas son menos simplonas: lo que muestran los estudios sobre variación léxica en jóvenes es que 1) como hemos visto en el apartado de las groserías, la memoria —la de personas de todas las edades, no sólo las que huelen a cheetos— no funciona por sustitución: un «ke» no significa que el hablante ha olvidado la opción «que», sino ke ha decidido sustituirla por expresividad o practicidad (quienes pagábamos un peso por mensaje de texto de caracteres limitados, allá en la prehistoria digital, sabemos algo de esto), siempre y cuando su lector potencial comparta el código; y 2) estas variaciones ocurren mayoritariamente en palabras fáciles de uso frecuente que rara vez dan lugar a confusión (sí «salu2» pero no «australoϖthecus»), y por lo general, en contextos formales, los hablantes son capaces de ajustarse a las expectativas y volver al «que» en vez de «ke». Es cierto que todos los docentes nos hemos topado con alumnos que trasladan usos orales o informales a la escritura académica, pero la respuesta razonable a ello sería aprovechar el conocimiento previo del alumno y encauzar un aprendizaje de las diferencias de uso según el contexto, no la censura a rajatabla de los usos informales que el hablante ya domina.

Más que arruinar la lengua, estos usos contextuales, al añadir matices, la enriquecen, sin mencionar que los mensajes de texto de los jóvenes, así como las publicaciones en redes sociales —el hábitat natural de estas variaciones— de hecho se han ido volviendo más complejos con el tiempo, como encontró un estudio realizado por el investigador ruso Iván Smirnov (y que es cien por ciento real incluso si su autor tiene exactamente el nombre que me habría inventado para ponérselo a un académico ruso que respaldase un estudio ficticio).

En tercer lugar, y este punto aplica en particular a nuestra época, está la irrupción del internet, que, como apunta Gretchen McCulloch, lingüista estadounidense especialista en la red, ha inaugurado una plaza pública y visible para la escritura informal; previo al surgimiento del internet (y un poco antes de los mensajes de texto), ese tipo de escritura estaba confinada a soportes marginales, como los recaditos hechos a mano, a diferencia de la oralidad informal, que puede atestiguarse con relativa facilidad en cualquier lugar, público o privado. La tecnología y la web visibilizaron la forma de escritura no académica, y es posible que muchos adultos que vivieron en un mundo sin Facebook ni WhatsApp perciban ese gran destape de informalidad como un aumento de la «escritura incorrecta» con relación al pasado.

Como afirma el lingüista James Milroy, la idea de que el desempeño lingüístico de los más jóvenes ha decaído es una apelación implícita a una hipotética Edad de Oro en la que todo iba mejor, aunque nunca se especifique con precisión cuándo tuvo lugar y aunque, según los datos, sería necesariamente una época con menores niveles de literacidad y quizá incluso de desempeño escolar. En la práctica, con o sin conocimiento de causa, estas nostalgias buscan reforzar modelos tradicionales de enseñanza, cuyo objetivo elemental es más bien imponer el español estándar y hacerlo pasar por el español en general. Me parece una pena que no contemos con una prueba PLANEA para adultos educados décadas atrás en el sistema de enseñanza normativa tradicional, aunque, a juzgar por el enorme corpus de comentarios de redes sociales gratuitamente suministrados a este servidor por los defensores del buen hablar y escribir, sospecho que los resultados estarían lejos de indicar que la gente grande es el patrón oro de la corrección.

En términos históricos, además, los hablantes jóvenes no merecen el desprecio que reciben, si se considera que, como sugieren los estudios, a ellos debemos gran parte de las innovaciones lingüísticas que ocurren en nuestro idioma. No a los perfumados señores de la Real Academia Española, tan prontos a utilizar etiquetas como *modismo* para los usos novedosos, y tan reacios a incluir entre sus filas a personas diversas, sino a la gente joven. A la gente joven y a otro grupo social: las mujeres.

Hablar como niña

Contrario a lo que ocurre con los hombres, la llamada sabiduría popular está llena de certezas no muy favorables sobre el habla de las mujeres.

Una de ellas, quizá la más repetida, es que hablan demasiado. Andrés Vernazza es un *coach* uruguayo que ejerce de «asesor emocional»; fuera de su formación militar y de negocios, no parece tener ninguna acreditación en el área de la psicología —lo que parece tener sin cuidado a sus 6 millones de seguidores en TikTok—, y es famoso principalmente por dos cosas: dar consejos de cómo mantener una relación sana y tener una orden de alejamiento de 500 metros tras una denuncia por actos de violencia, captados en video, a su expareja. En un video de 2022 afirmó que «el hombre se expresa típicamente, diariamente, con 3 mil vocablos o palabras, y la mujer se expresa con 8 mil, por eso muchas veces cuando la mujer quiere conectar, el hombre le devuelve monosílabos». Como suele ser el caso con los *coaches* que pueblan el internet, se olvidó de incluir la fuente de la información, pero sus dichos hacen eco de una idea muy manida que ha dado lugar a refranes y chistes reciclados una y otra vez, como aquel que dice que Dios hizo a Adán antes que a Eva para darle a aquél la oportunidad de hablar aunque fuera un ratito.

En un artículo para la BBC, Claudia Hammond rastrea el origen de una afirmación similar, aunque las cifras varían (7 mil palabras al día para los hombres y 20 mil para las mujeres), y concluye que esta apareció por primera vez en el cintillo de la portada de *El cerebro femenino,* un libro de 2006 escrito por Louann Brizendine, neuropsiquiatra de la Universidad de California. Hammond cuenta que Mark Lieberman, un lingüista de la Universidad de Pennsylvania —¡ah, cómo son aguafiestas los lingüistas!— revisó el origen de los datos y encontró como única fuente un folleto de consejos matrimoniales de 1933, por lo que cuestionó a la autora del libro, quien se vio obligada a retirar la afirmación de ediciones futuras. Esto no ha evitado, por supuesto, que numerosos libros de autoayuda recuperen las cifras falsas y se las sirvan en bandeja de plata a los influencers que venden por internet cursos de «superación» y estereotipos de género disfrazados de «relaciones sanas».[27]

En su artículo, Hammond cita seis estudios diferentes que han analizado científicamente los diversos aspectos de la diferencia (o similitud) entre la cantidad de habla entre hombres y mujeres, tanto en la infancia como en la adultez, y los resultados son claros: en términos generales, no existe diferencia significativa entre la cantidad de palabras que usamos ambos géneros. Un estudio de 2007 publicado en la revista *Science,* por ejemplo, encontró entre hablantes de México y Estados Unidos un promedio de 16 mil palabras al día para ambos géneros, con una diferencia insignificante a favor de las mujeres (en otros estudios, una diferencia similar se inclinaba hacia el lado de los hombres). Las

27 Otro argumento común para justificar este mito es la idea de que el cerebro de las mujeres posee una mayor cantidad de proteína FOXp2, a veces asociada al lenguaje, pero a pesar de que muchos medios citan un estudio de 2013 liderado por Margaret McCarthy como la prueba definitiva, omiten que el citado estudio analizó las diferencias sexuales en ratas y en apenas una muestra muy reducida de niños y niñas, y que los propios investigadores sugieren no extrapolar conclusiones ligeras sobre la comunicación en humanos. En una breve revisión de las notas periodísticas que elaboran sobre esta idea, noté que aquellas que citan una diferencia en la cantidad de palabras pronunciadas al día omiten mencionar la fuente de dichas cifras, y más bien la dan por sentada para luego proceder a «explicarla» con el estudio en cuestión.

discrepancias suelen ocurrir sólo cuando se analizan los datos en contexto y a profundidad, pues los hombres tienden a hablar más en entornos formales o públicos (por ejemplo, somos los campeones de «yo más que una pregunta, tengo un comentario» en las conferencias, según constatan estudios realizados en Nueva Zelanda), mientras que las mujeres hablan más en entornos privados o que implican algún tipo de intimidad: discrepancias que por lo general obedecen a condicionamientos sociales antes que a diferencias evolutivas o biológicas.

Cabe preguntarse entonces por qué, si los datos muestran justo lo opuesto, la sociedad insiste en replicar el mito de que las mujeres hablan de más. Quizá se deba a un fenómeno señalado por la escritora australiana Dale Spender: «la locuacidad de las mujeres nunca se ha medido en comparación con la de los hombres, sino con el silencio; no se las juzga en función de si hablan más que los hombres, sino de si hablan más que las mujeres que no hablan». De hecho, la propia Spender ha realizado ejercicios de comprobación en los que, de forma deliberada, se distribuyó equitativamente la palabra entre alumnos y alumnas en, por ejemplo, una clase de ciencia; tras recoger las percepciones de los participantes una vez terminado el experimento, se encontró que la población masculina (incluido el profesor) sentía que se había otorgado mayor tiempo de participación a las mujeres. Dado que en términos objetivos no había diferencia, es razonable sugerir que la percepción obedecía a un sesgo, muy probablemente la persistencia de prejuicios y roles de género tradicionales que promueven la permanencia de las mujeres en la esfera privada, por lo que cualquier participación pública se percibe como «masculina» o «fuera de lugar».

Pero no sólo la cantidad es motivo de escarnio, sino también el contenido. Este es un fenómeno que está mucho más estudiado en inglés que en español. En la lengua inglesa están bien documentadas las quejas en torno a las muletillas asociadas con las mujeres (como «*like*») o el famoso «*vocal fry*» (o «laringalización», aunque sospecho que no es una traducción muy popular; quizá «efecto *Miley Cyrus*» pegaría mejor), una tendencia a bajar el tono de voz al final de una frase o palabra hasta producir una especie de fricción, y que ocurre tanto en hombres como en mujeres, pero que los angloparlantes suelen identificar como una molesta costumbre femenina. En México, desde hace décadas, no nos faltan —si acaso, lo contrario— comediantes varones cuyas rutinas se basan enteramente en la imitación y la caricaturización del habla femenina, para beneplácito de las masas (y, si bien estas decisiones creativas comienzan a ponerse en tela de juicio, cuando ocurre al revés, como en el caso de Tomás, un personaje creado en TikTok por @Herly_RG para caricaturizar actitudes masculinas, la respuesta social puede incluso adquirir tintes de insulto y violencia), pero ocurre también a nivel de usos lingüísticos específicos. Las filólogas Carlota de Benito y Ana Estrada presentaron en 2015 un estudio sobre la variación léxica en Twitter y encontraron, entre otras cosas, una tendencia a modificar la última vocal de las palabras con la letra *i*. Así, *hola* se convierte en *holi*, *broma* en *bromi* y *besos* en *besis*. El estudio no analiza el uso por género, y carezco de datos serios para confirmarlo, pero creo que puede intuirse empíricamente cierto vínculo con el habla femenina, al menos en principio; he encontrado que algunas búsquedas en internet preguntan alternativamente «¿qué significa *holi*?» y «¿qué significa cuando una mujer te dice *holi*?»; en los foros en los que se discute la primera, no faltan respuestas como esta, cortesía de kevinbadillo92, saludos donde quiera que esté: «"Holi" es un vulgo una expresión aún mas informal usada generalmente por mujeres para saludar a amistades». Pero no todas las preguntas sobre el uso de *holi* tienen el mismo interés, digamos, científico. Realicé un ejercicio rápido de búsqueda en Twitter con la frase «por qué dicen holi», y más que curiosidad genuina encontré una recurrencia de preguntas retóricas: «Por qué dicen "holi"? Tienen 10 años?», «¿por qué dicen "holi"? ¿Son jotos?», «por qué dicen "holi" ah? q asco» o «¿por qué dicen Vuestras Mercedes "Holi" tienen algún problema en la boca? #FelizLunes» (el «Vuestras Mercedes» de este último se debe a que el autor gestiona una cuenta que se hace pasar por el poeta barroco Luis de Góngora; hay de todo en la viña del Señor). Esta búsqueda improvisada arrojó un descubrimiento accidental interesante: la gran mayoría de tuits sobre esa línea ocurren sobre todo a partir del 2018 y comienzan a escasear a partir del 2020; en los últimos tres años, incluso con la pregunta específica en el motor de búsqueda, «holi» comienza a aparecer ya no entre comillas sino sencillamente como un sinónimo afectuoso de *hola* («Holi estoy buscando habitación por la zona de aluche carabanchel...», «Holi! Hice estos stickers de erizo», «Esa gente que fijo te da like pero después te ven por la calle y no te dicen ni holi»). Quién lo diría: un uso inicialmente marginal que se ha estandarizado, ¡algo inédito en la historia del español!, quiero decir del latín vulgar, quiero decir del... Como sea, aunque en términos lingüísticos no se trata más que de otra variación informal de frases o palabras comunes —del tipo «nos vemos al ratón» en lugar de «nos vemos al rato» (nos vemos más tarde)—, parece ser objeto de un odio particular a causa del pecado social de existir asociado con características tradicionalmente consideradas femeninas tales como el cariño expreso y la ternura, que a su vez se interpretan como poco serias o banalizantes. Esta asociación con los estereotipos de género se deja ver con transparencia cristalina en un tuit de la columnista conservadora guatemalteca Mamela Fiallo Flor: «Caballeros: Por favor eviten decir "holi" y "por fi". A las mujeres heterosexuales nos gustan los hombres, no las nenitas. Gracias por su atención». Para sorpresa de nadie, los motivos detrás del desprecio al uso lingüístico son en realidad extralingüísticos, y se parecen más a la razón por la cual ser fan de *Crepúsculo* tiene un alto costo social, digno de mofa y caras de fuchi, pero no así ser fan de *Transformers,* aunque ambas sean películas superficiales de factura cuestionable estrenadas a finales de la década del 2000: sólo la primera carga con el estigma de haber sido dirigida al público cuyos gustos la sociedad más ama odiar: las mujeres adolescentes.

Lo anterior resulta especialmente injusto si consideramos lo mencionado de pasada en el apartado anterior: las mujeres, en particular las mujeres jóvenes, son las principales innovadoras lingüísticas, una certeza tan asentada entre la comunidad lingüística —desde que William Labov demostrara por primera vez en 1990 que las mujeres lideran el 90 % de los cambios lingüísticos—, que hacer una tesis sobre el tema quizá resultaría tan trillado como estudiar química y querer inventar la tabla periódica. Es cierto también que, en general, las mujeres tienden a ser más conservadoras que los hombres en el uso normativo de la lengua, pero dentro de sus propios grupos sociales son quienes primero adoptan y después transmiten la variación léxica o fonética, lo que en ocasiones se extiende al habla general. Parece haber ocurrido con *holi* —y quizá con la muletilla «o sea», que en los noventas se utilizaba para parodiar a las mujeres jóvenes de clase media-alta—, pero existen ejemplos más vistosos, como el pronombre *you* (tú/ustedes) del inglés, cuyo rastreo muestra, durante el siglo XV, una adopción inicial por parte de las mujeres y luego una expansión que lo llevó a convertirse en la norma, sustituyendo paulatinamente al pronombre *ye*. Los hombres, aunque más desparpajados en el uso cotidiano, solemos tardar al menos una generación en ponernos al día con los cambios lingüísticos, y no puede descartarse que la influencia de las mujeres en el habla se relacione con que, cultural y socialmente, sigue atribuyéndoseles el cuidado y la educación de los hijos. Gretchen McCulloch lo resume en una sentencia: «las mujeres aprenden la lengua de sus pares; los hombres, de sus madres».

Un patrón que se repite a lo largo de la historia muestra que los grupos con menor poder social (los jóvenes, las mujeres, las personas negras... creo que a estas alturas podemos decirlo: básicamente cualquiera que salga del molde del hombre caucásico, cisgénero, heterosexual, con capital económico y social) suelen ser mejores innovadores lingüísticos; una hipótesis sugiere que esto sucede porque tienen menos que perder, en términos de prestigio social, al alejarse de la norma, y por lo tanto gozan de mayor libertad para experimentar.

Resulta un tanto irónico que una y otra vez el habla de las mujeres y los jóvenes sea objeto de menosprecio cuando, de cierta forma, si se atiende a los datos, todos hablamos como las niñas que nos precedieron.

Anglicismos que no dan *cringe*

No hace tanto, la escritora y columnista colombiana Carolina Sanín escribió lo siguiente en Twitter: «¿Para qué dicen "cringe" cuando existe "grima", una palabra tan expresiva en su lengua? ¿Pura pereza y falta de curiosidad, o creen que decir la palabra en inglés las hace internacionalmente cool (inmunes a dar grima)?». Sanín no está sola en su opinión en contra de los préstamos lingüísticos del inglés; al contrario: ojalá no sea introvertida porque está acompañadísima. En 2015, el entonces director de la RAE Darío Villanueva calificó como «papanatismo» la tendencia a utilizar términos «ociosos» del inglés, «teniendo una lengua tan rica» como la nuestra, y aseguró que esta era «la mayor amenaza para el español» (si bien no ahondó en cómo puede estar bajo amenaza una de las lenguas más prestigiosas del planeta, hablada por casi 600 millones de personas), y un año después la RAE lanzó la campaña anti-anglicismos llamada *Lengua madre sólo hay una,* que anunciaba productos inútiles o absurdos pero con nombres en inglés, denunciando el uso de esta lengua en los medios y la publicidad. De hecho, la cuenta de la Academia en Twitter produce de vez en vez pequeñas infografías en las que propone alternativas en castellano para los anglicismos de moda —presuponiendo, por supuesto, que es preferible evitarlos, aunque sin explicarnos por qué es malo, un síntoma clásico de normativitis—. Algunas de esas alternativas son incluso razonables (*enlace* para *link*) y otras son imprecisas y francamente ridículas (*amor platónico* para *crush*)... Pero ése no es el punto. La crítica al anglicismo, como ilustran la declaración de Villanueva y el tuit de Sanín, suele esgrimir dos razones: la inutilidad del anglicismo frente a los recursos del español y cierta *actitud* esnobista o pretenciosa en quienes lo usan.

Si lo primero suena familiar es porque en capítulos anteriores nos hemos topado ya con ese argumento de apelación a la utilidad y hemos visto cómo ni todo lo que consideramos habla culta es útil o necesario, ni todos los usos lingüísticos requieren ser ni útiles ni necesarios para justificar su existencia. Sin embargo, concediéndole a los críticos el beneficio de la duda, tratemos de comprobar qué tan ociosa es realmente la presunta ociosidad del anglicismo.

Analicemos el ejemplo de Sanín: el *cringe*, eso que sientes cuando ves a un político en campaña bailando en TikTok con la música de moda (aunque, lamentablemente, no al ritmo de ella) y recitando una frase aprendida de memoria con el encanto de una endoscopía rectal en lunes. Para determinar que el uso de *cringe* es ocioso, innecesario, tendría que existir para empezar una versión castellana perfectamente equivalente, que esté igualmente a la mano y obedezca a la misma necesidad.

Quizá lo primero que se nos venga a la mente sea *pena ajena*... Pero tiene un par de problemas: es más largo, lo que tal vez le reste algo de fuerza como onomatopeya, y en realidad no significan lo mismo: la pena ajena va acompañada de un pellizquito de compasión, una pátina de empatía traicionera que te empuja a sentirte mal por la víctima, mientras que el *cringe* es más despiadado, más parecido al asco o al morbo: mientras que la pena ajena te pide que huyas de la escena, el *cringe* te murmura al oído que te quedes, que disfrutes y sufras el momento en la totalidad de su contradicción. *Grima*, la alternativa propuesta por Sanín, también se queda un corta, pues, si atendemos a los diccionarios —a la manera de Doña Norma de la Academia—, veremos que suelen definirla más bien como disgusto, pena y hasta temor, o como la experiencia de oír un ruido chirriante: ninguna referencia al ridículo de un segundo involucrado. Por supuesto, podría añadírsele ese significado por vía del uso, pero que haya que hacerlo es síntoma de que entonces no está tan a la mano. Quizá más cerca estaría *alipori*, y el hecho de que tal vez esta sea la primera vez que escuchas esta palabra es la evidencia más clara de su fracaso; debe tener contactos en la Real Academia Española, porque, según su propio Corpus de Referencia del Español Actual, a la ilustre institución le bastaron unas cuantas menciones espolvoreadas en la prensa española para incluirla en su diccionario —un trato privilegiado del que no han gozado palabras latinoamericanas con misma escasez de fuentes—. La definición reza sencillamente «vergüenza ajena», que no sólo sigue siendo tan insuficiente y con tan poca sonoridad como *pena ajena*, sino que además tiene el inconveniente de ser conocida por unas cuatro personas. Algunos tuiteros mexicanos me recuerdan que en este país sentimos ñáñaras, pero aunque esta sensación, tal como la recogen los diccionarios, se emparenta con la repugnancia, el temor y el repelús, no hay rastros en ella del morbo ni de la lástima, lo que le confiere un halo de inocencia y la aleja del anglicismo en cuestión.

En su libro *Cringeworthy: A Theory of Awkwardness*, Melissa Dahl identifica dos tipos de *cringe*: el compasivo (*compassionate cringe*), que implica una identificación emocional con la persona que actúa de forma vergonzosa (esté o no consciente de ello), y que se parece un poco al *second-hand embarrassment* («vergüenza de segunda mano»); ocurre, por ejemplo, cuando vemos a alguien sudar y balbucear de nervios mientras habla en público: no hay gozo en la experiencia, sino una empatía dolorosa, porque nos identificamos con la posibilidad de sentir lo mismo en las condiciones dadas. Si eso fuera todo, *pena ajena* o *alipori* nos quedarían como anillo al dedo, pero Dahl identifica también el *cringe* despectivo (*contemptuous cringe*), más cercano al *schadenfreude* alemán[28], en el que la identificación emocional se sustituye por distancia, y aquí es donde cabe el ejemplo del político de TikTok; sabemos que está haciendo el

28 *Schadenfreude* se refiere a la sensación de alegría provocada por la desgracia ajena, y puede deberse a una falta patológica de empatía o a que tu amigo se tropezó muy chistoso.

ridículo y que no lo sabe, pero en paralelo a la lástima como ruido de fondo, sentimos el equivalente mental a enchilarse: no es una sensación agradable, pero tampoco llega a ser repugnancia, y algo te dice que te quedes aunque sea por la anécdota.

En su migración del inglés al español, sin embargo, la palabra pagó como peaje la mitad de su significado. Resulta que *cringe*, pronunciada en inglés por hispanohablantes (casi siempre de clase media o media-alta con acceso a internet), significa sólo *contemptuous cringe*, el despectivo, el hermano malvado.

Cosas que, según una búsqueda rápida, le dan cringe a los tuiteros hispanohablantes: que vistan a los niños como miniadultos, la gente que megustea sus propios posts, lo que Facebook nos recuerda que escribimos a inicios de los dosmiles, actores de Hollywood cantando *Imagine* durante la pandemia, LinkedIn, la alcaldesa de la alcaldía Cuauhtémoc grabándose haciendo ejercicio en una caminadora mientras instruye a su equipo sobre cómo «salvar la Navidad», celebridades cantando *Cielito lindo* durante la pandemia, que alguien suba fotos o videos llorando, escuchar la llamada entre tu hermana y tu cuñado... (Mi humilde contribución: la campaña de 2016 de la RAE contra los anglicismos.) Tratar de encontrar algo de *cringe compasivo* en el uso hispánico de la palabra es como tratar de encontrar un punto y coma en la tarea de un preparatoriano, porque a ése sí que le decimos *pena ajena*; en cambio, al *cringe despectivo* algunos hablantes le decimos sencillamente *cringe*, porque ahí el inglés llegó a subsanar un vacío léxico, o la mitad de uno, al menos.

Por otro lado, todo indica que cuando tomamos palabras de otras lenguas no lo hacemos nomás porque no tengamos una palabra para nombrar ese concepto. En un artículo sobre el uso de anglicismos en el habla juvenil chilena,

Eli-Marie Danbolt distingue tres motivadores expresivos para su uso: la intensificación, la atenuación y el prestigio. En el primer caso, se encuentran aquellas palabras que dichas en inglés expresan una mayor intensidad que su equivalente, y Danbolt cita como ejemplo el uso de la palabra *heavy* (pesado, aunque como intensificador se usa de forma metafórica). En el terreno de la atenuación se encuentran, por ejemplo, los anglicismos eufemísticos del sexo —*escort*, *blow-job*, etcétera—, que ocultan algo que en español suena menos pudoroso, y en general aquellos usos en los que la palabra o frase en inglés matiza la expresión: usamos la lengua B como un lubricante emocional, de manera que un «*I love you*» puede ser menos comprometedor que un «te quiero», igual que decir «no», pero pronunciado en inglés, resulta un poco menos serio y categórico que en español, o toparse a un sujeto «*creepy*» en la calle da un poco menos miedo que toparse a uno «espeluznante». En su libro sobre las groserías, Emma Byrne explora también cómo es que resulta más fácil decir malas palabras en otro idioma, porque tienen un menor peso emocional que las del propio.

El prestigio, el último motivador identificado por Danbolt, es el que parece provocarle más comezón a Don Hispanio, humilde defensor de la castidad y la pureza de la lengua. En mis tiempos de preparatoria, cuando alguien decía que ya tenía listo el «*outfit*» para la «*party*» del viernes, no es que no supiera que en la lengua de Cervantes contamos ya desde hace mucho tiempo con «atuendo» y con «fiesta», sino que el cambio de código le permitía emitir una señal de pertenencia entre sus pares bilingües (o en proceso de serlo). Sin duda, hay una crítica razonable —yo mismo la he hecho en otras ocasiones— al hecho mismo de que el inglés, como lengua de la cultura hegemónica estadounidense, provoque entre algunos hablantes asociaciones de aspiración, superioridad y hasta profesionalismo, sobre todo si esto se traduce en marginación para quienes no hablan la lengua dominante, pero poner parches lingüísticos aquí y allá a un dique que requiere reparaciones estructurales difícilmente servirá de gran cosa, y, más importante para el tema que nos atañe, esto quizá convierta a los anglicismos en manifestaciones de un problema socialmente cuestionable, mas no en «usos erróneos» en sí mismos.

En cualquier caso, sería insensato afirmar que el anglicismo es necesariamente «ocioso», puesto que, como muestra la evidencia, puede tener propósitos semánticos, expresivos y hasta sociales. En realidad, de nuevo aquí encontramos que a la condena subyace la perpetuación de una estructura desigual (y por eso tampoco es raro que algunos de estos préstamos se relacionen con frecuencia con el habla juvenil o femenina): claro que a Don Hispanio Correctillo le parece innecesario que una adolescente busque adscribirse a la forma de hablar más prestigiosa entre sus pares, pero la opinión de aquél no hará al anglicismo menos necesario para la hablante en cuestión. En el fondo, lo que busca el primero es que sean sus propias necesidades las que dicten el estándar de la necesidad.

Es por lo anterior que fracasan las traducciones ortopédicas que proponen los arqueólogos de equivalentes: porque parten de un prejuicio simplón: la presuposición errónea de que los anglicismos son sólo reemplazos perezosos o ingenuos de palabras perfectamente equiparables en español. Quizá, si sacaran la cabeza del siglo y el contexto en que les tocó vivir, se quedarían más tranquilos. Hemos visto ya, de hecho, con el ejemplo de la palabra *bizarro*, que los puristas son capaces de tolerar y dar la bienvenida a un préstamo, siempre y cuando haya ocurrido hace varios siglos; ahora sólo falta que nos alcancen en el siglo presente.

Descubrirían que el español es un señorón de diez centurias que se sabe cuidar solo y que, a diferencia de ellos, no es la primera vez que vive este fenómeno: en términos macrohistóricos, los préstamos de otras lenguas por lo general llegan, se quedan un rato y, si prueban su utilidad o su simpatía, se adoptan —y a veces se adaptan, como el espagueti (*spaghetti*), que ahora escribimos con *e* al inicio y una sola *t*—, y, si no, con el tiempo se van por donde llegaron —*linchamiento* (de *lynching*) se quedó, por ejemplo, mientras que ya es raro escuchar a alguien decirle *wáter* al sanitario, *cd* ya va de salida, e irónicamente decir *cool* es cada vez menos *cool*—. Y todos tan contentos. Las lenguas poseen un sistema digestivo que yo personalmente envidio.

De otra forma, si fuéramos consistentes con la idea de que es «incorrecto» usar palabras de otras lenguas, tendríamos que ponernos a espulgarlas todas, no sea que la nuestra parezca indignación selectiva, porque aunque hoy en día la manzana de la discordia son los anglicismos, los galicismos que Don Hispanio y Doña Norma usan hoy sin parpadear (*menú, amateur, chef, chofer,* etcétera) provocaron urticaria a los puristas del siglo XIX; quizá tendríamos también que extirparle al español el ADN árabe de su formación y exiliar a *ojalá, limón, azulejo, almohada, albahaca,* y otras tantas miles, no sea que el idioma se pudra desde dentro. Y así, hasta que descubramos que los malvados términos de los pueblos ibéricos quieren destruir la pureza del latín hablado en cierta península del imperio romano. O podríamos no ir tan lejos y, aunque sea, deshacernos de otros anglicismos que, curiosamente, no molestan a ningún normativista, como *réferi, bistec* u *ok*. En palabras de un grupo de lingüistas franceses (porque sí, también los puristas del francés creen que el inglés está invadiendo y arruinando su lengua), «la lectura nacionalista de una palabra es un contrasentido, porque pasa por alto la historia de la lengua». Los prescriptivistas se defenderán, claro, diciendo que en realidad no es que tengan algo contra los anglicismos, sino que los aceptarán cuando el resto de los hablantes lo abracen como propio. Esta postura, sin embargo, no sólo refuerza la certeza de que lo «incorrecto» es contextual y no inherente a las estructuras gramaticales, sino que además nos devuelve a la paradoja normativista: «aceptaré este uso cuando todos lo adopten, pero condenaré su uso para evitar que se adopte». Se refugiarán también en apelar al riesgo de incomprensión, como hizo en 2021 Santiago Muñoz Machado, el presidente actual de la RAE, al afirmar frente a un grupo de jóvenes que para «hablar claro y que lo entiendan», uno debe evitar los anglicismos y «usar el tecnolenguaje lo menos posible». Concediendo que quienes usan una palabra de otro idioma se arriesgan a que los demás no compartan el código y se queden con cara de *what* (perdón, con cara de qué), hay que decir que este riesgo no es muy distinto al que uno puede correr al usar diversos registros de su propia lengua, como oportunamente ejemplifica el propio Muñoz Machado al usar el neologismo «tecnolenguaje», confiando en que todos los adolescentes que lo escuchaban entenderían con precisión a qué se refería. Quizá su mejor argumento, como en el caso de las muletillas, tenga que ver con la híper repetición, chocante y oscurecedora, pero no tanto más.

Preferible será entonces que los detractores del *cringe*, si no quieren provocarlo, se vayan acostumbrando a su monosilábica impiedad, a su eficacia maligna, a ese dígrafo *cr* que hace sonar un cruel crujir de cristales en un rincón de su hipotálamo, porque, al igual que el resto de palabras tomadas de otras lenguas a lo largo de la historia de nuestra lengua, se quedará a vivir entre nosotros mientras haya hablantes que le hagan lugar, y tal vez hasta un poco más. Así que *chill*.

Instrucciones para independizarse

No es de a gratis que el habla normativa se haya mistificado como única habla «correcta». Como afirman Scott Sadowsky y Ricardo Martínez en «El normativismo y el poder» (2009), «[e]l concepto de norma culta no es otra cosa que una deidad invisible cuya existencia e importancia es enérgicamente avalada por sus sumos sacerdotes y feligreses. Esto, con el fin de establecer y propagar una estructura de poder social de la cual ellos son miembros y guardianes al mismo tiempo». La normativitis no es, entonces, el resultado de una búsqueda lingüística, sino un ejercicio de poder y, en tanto tal, es un acto político. Si no lo parece es porque el síntoma de que un sistema de desigualdad ha logrado instalarse con éxito entre las personas, es que estas lo han interiorizado a tal punto que lo confunden con el sentido común, con *lo normal*, como el pececito que no sabe qué es el agua. Y, si promover y enseñar de forma acrítica la «lengua correcta», se haga con conocimiento de causa o no, es inescapablemente una postura política, también lo es entonces cuestionar los motivadores sociales de la corrección y desmontar los prejuicios que no tienen sustento en la ciencia lingüística. Abandonar la ideología normativista de la lengua, y plantarle frente, es un acto político.

Claro que, de vez en cuando, pasa que la lengua y, con ella, las ideas de corrección e incorrección, son, visiblemente, el campo de batalla entre ideologías diversas. Hoy en día lo atestiguamos en la controversia del lenguaje incluyente, pero ha ocurrido antes con usos lingüísticos que hoy todas y todos, incluidos los prescriptivistas, damos por hecho. Este es el caso del verbo *independizarse,* tal como documenta la Academia Argentina de Letras en el apartado *Recomendaciones y observaciones sobre la lengua* de su sitio web.

El registro más antiguo que tenemos de la palabra *independizar* data del siglo XVI, cuando Fray Bartolomé de las Casas lo utilizó en su *Historia de las Indias,* pero la Real Academia Española no lo incluyó en su diccionario sino hasta la edición de 1927. Es conocida la lentitud de las academias (en parte natural al proceso, en parte potenciada por el conservadurismo) para incluir en sus registros las palabras que usa la población, pero ¿cuatro siglos? Okey, es verdad que la RAE no se fundó hasta 1713, y que su primer diccionario (el famoso *Diccionario de autoridades*) apareció en 1726, pero aún así nos quedan al menos dos siglos de ninguneo (un mexicanismo este último, por cierto, que también tardó lo suyo en llegar al DLE).

Además, cuando la palabra entró por fin al diccionario académico, lo hizo en calidad de paria:

> «*INDEPENDIZAR. *tr. y r.* Neologismo inútil por emancipar o emanciparse».

Ya sabemos que al normativismo le gusta mucho tildar de inútil lo que no le gusta, pero cabe preguntarse qué les hizo a los académicos este pobrecito verbo para que nos lo trataran tan feo, con ese adjetivo venenoso y ese asterisco inicial que significa una marca de incorrección. Por si no fuera poco, al margen del diccionario, Emilio Cotarelo y Mori, miembro de la noble institución, lo llamó un «esperpento gramatical o léxico». Emilio, gobiérnate por favor. Parece mucho esfuerzo para descalificar una palabreja a la que hoy en día no le dedicamos ni dos minutos de especial atención.

Sucede que durante el siglo XIX, en la América hispánica tuvieron lugar un par de eventos históricos que en algo influyeron para que proliferara el uso de la palabra *independencia* (y la necesidad de crear un verbo a partir de ella). Las andanzas de gente como Simón Bolívar o Miguel Hidalgo (que aparece por tercera vez en este libro, tristemente el triple de veces que Shrek), y las guerras que terminaron por echar a los virreyes españoles de tierras americanas, lograron —entre otras cosas— la consolidación (y la amplia documentación) del neologismo, utilizado para referirse a la instauración de repúblicas autónomas. Desde una perspectiva lexicográfica objetiva, esto bastaría para incluir la palabra en los diccionarios... Pero los académicos españoles insistían en hacer la vista gorda, atrincherados en el argumento de que en «buen español» ya se contaba con el verbo *emanciparse*, por lo que no hacía falta uno nuevo, muchas gracias.

Entra en escena Ricardo Palma, académico peruano, que con determinación bolivariana y ojo de lingüista debatió la cuestión en unas cartas:

> **Desde que nos independizamos de España tiene vida este verbo "insurjente" sin que americano alguno, docto o indocto, se cuide de buscarlo en el Diccionario. La Academia, que le tiene tirria, inquina y mala voluntad al tal verbo, sostiene que basta y sobra con emancipar, y los americanos decimos que se emancipa el esclavo y se emancipa el hijo de familia, amparados por la ley y por el código civil; pero que los pueblos se independizan. [...] Los españoles mismos no se emanciparon de los árabes, que no eran ni sus padres, ni sus tutores, ni sus amos, sino que se independizaron de quienes por la fuerza de las armas les habían arrebatado su independencia.**

Palma continúa explicando las diferencias de uso de ambos verbos y concluye que «no hay razón filológica para que no se le estime como de legítima y buena cepa castellana», y es tal la exactitud de su razonamiento, que la Academia, representada en el debate por el académico Manuel de Saralegui, se ve en la necesidad de refugiarse en argumentos extralingüísticos, de carácter más bien ideológicos, que con toda probabilidad —como hemos visto una y otra vez a lo largo de este libro— en realidad motivaban desde un inicio la resistencia al nuevo verbo (y ni tan nuevo, o quizá «nuevo» en el mismo sentido en que América había sido «descubierta» siglos antes; es decir, sólo desde la perspectiva española). España, decía Saralegui, a las ahora naciones americanas «les dio cuanto tenía y a costa de sangre y sacrificios, los educó y los evangelizó». Sangre de quién, no especificó, pero ése no es el punto ahora; como el uso tan difundido del verbo con el significado específico recogido por Palma estaba bien documentado y era irrebatible, su defensa se limitó a ahondar en la idea de «madre patria», de tal forma que la de «yugo» se diluyera, y las independencias americanas se ajustaran mejor al concepto de *emancipación* que al de *independencia*.

Como sabe de sobra el tiempo, entre los hablantes y las academias siempre ganan los hablantes. Es claro que, en principio, la relación entre ambas instancias no tendría por qué ser de confrontación, pero henos aquí. A partir de 1956, la definición que aparece en el diccionario es la siguiente:

> «INDEPENDIZAR. *tr.* Hacer independiente a una persona o cosa. U. t. c. r.[29]».

29 U.t.c.r.: «usado también como reflexivo». Un verbo reflexivo utiliza el pronombre «se» para reflejar la acción del verbo en quien la realiza; en este caso, no sólo *independizar* sino también *independizarse*.

Durante al menos treinta años, no obstante, esta palabra se consideró incorrecta no porque fuera ajena a la lengua española, sino porque España no estaba dispuesta a permitir lo que consideraba la legitimación de un uso que hacía eco de una visión de la realidad que no le convenía políticamente. Ángela Di Tullio lo resume en un artículo sobre el normativismo y el español en América: «Las metrópolis suelen considerar con desdén la lengua de sus colonias, sobre todo cuando dejan de serlo».

Y así mismo las metŕopolis ideológicas disfrazan de corrección lingüística la perpetuación de su poder, que subordina la diversidad por motivos de clase o racialización (*haiga, dijistes*), de género (*holi, presidenta*), de identidad (*todes*), de edad (*literal, uwu*), de escolaridad (*hubo mucha gente, en base a*), de presunta inteligencia (*demasiado,* doble negación) de periferia (*ocupar, independizarse*), de otredad (*bizarro, cringe*). ¿Cuántos otros usos que hoy se consideran marginales, ilógicos, innecesarios, «ajenos a la morfología del español», ya sea por una academia o por los hablantes de las variantes más prestigiosas, no son en realidad el producto de una resistencia extralingüística?

Sabemos ya que, para poder considerar un uso correcto o incorrecto desde el punto de vista lingüístico, necesitaríamos criterios de observación rigurosos y libres de sesgos que expliquen por qué algo debe o no debe ser. Incluso con la sincera convicción de encontrar motivos para prescribir la lengua, descubrimos una y otra vez que hasta ahora y en su estado presente la normatividad apela a criterios poco confiables, contradictorios o atravesados por estructuras de poder que benefician a unos y perjudican a otros, otras, otres, así que no nos sirve como punto de partida. Yo podré ser un juzgón de primera, pero soy un juzgón con rigor científico, y en la normatividad no he encontrado el rigor a la altura de mis ganas de juzgar a los demás; puro humo, pretensión y olor a guardado.

Para independizarse de la normativitis, hay que confrontarla con la evidencia, a la manera de Ricardo Palma, o del jurado número ocho. Una vez acorralada, no le quedarán más que dos opciones: buscar mejores criterios, o quitarse la máscara, dejar a un lado la hipocresía y enunciar en voz alta las verdaderas motivaciones extralingüísticas de sus postulados. Este proceso, que es la lógica elemental de la ciencia, en nuestro contexto particular se convierte además en la reivindicación del poder del colectivo de hablantes.

Con esto parecería que la normativitis está acabada, que ya no tiene adónde ir. Pero, así como en las películas el villano siempre tiene un último as bajo la manga, la normativitis es correosa y escurridiza y se escabulle de la dicotomía planteada hacia un subterfugio final: sobrevivir con el respirador artificial de la confianza de sus fans, de sus secuaces, Don Hispanio y Doña Norma, que empiezan a dudar pero aún creen en ella, no con base en la razón (o *en base a* ella), sino apenas por costumbre, o acaso por miedo al caos.

8

TRIUNFÓ EL ¿EL ESPAÑOL EN PELIGRO?

MAL:

ESTÁ

Gente que defiende al sol

Estoy en mi sala, echándome un tecito mientras leo en Twitter que algún influencer confesó un delito en un podcast al que lo invitaron —es decir, un jueves normal—, cuando aparece una notificación en el teléfono. Mi viejo archienemigo @usuario01234 acaba de comentar uno de mis videos, en el que hablo de alguno de los temas de este libro: «Si cada quien habla como quiera», dice, « llegará un punto en el que ya no nos vamos a entender». Lo conozco, lo he leído muchas veces, llevamos ya un par de años de feliz enemistad, casi puedo adivinar a qué huele, y sé que sus intenciones no son nobles, pero a pesar de todo hay algo de legítimo en su pregunta: *Okey, todo este tiempo el normativismo ha sido un engaño, pero si de ese engaño depende que nuestra lengua no se desmorone, ¿no valdrá la pena mantenerlo?*

No es una pregunta descabellada. Bajo este supuesto, el normativismo sería una mentira, pero una mentira con un propósito benévolo, no más grave que la de un señor del ártico vestido de rojo que le trae juguetes a los niños en Nochebuena. Bien pensado, el normativismo es un Santa Claus que sólo trae carbón; no hay regalos a cambio de creer en la ilusión, sólo castigos si te equivocas. Ofertón. El regalo, si se le puede llamar así, es la certeza de estar cuidando de ese tesoro colectivo que es la lengua, y que de otra forma estaría en peligro. En teoría, al menos. Quizá por eso abundan los que Steven Pinker llama «jeremías lingüísticos». Jeremías, uno de los profetas más *gore* de la biblia, que no debía ser muy popular en las fiestas, anunció la destrucción de Jerusalén y la ocupación babilónica, y es la metáfora perfecta para los agoreros apocalípticos que vaticinan el colapso de la lengua si los herejes no enderezan su conducta lingüística.

Como ilustran los dictadores y los líderes populistas de todas las épocas desde tiempos inmemoriales, fingirse en peligro es un estratagema típico de quienes ostentan el poder —y por lo tanto no están ni remotamente en peligro—, pero buscan quitarse de encima la inconveniencia de ceder un poco de lugar a la diversidad. Es un truco útil para ganarse la empatía de los indecisos e instrumentalizar el miedo a lo ajeno para asegurar la fidelidad y el sentido de identidad de los ya convencidos. Estudiosos del fenómeno, como el argentino Ernesto Laclau, dan cuenta de cómo el camino más rápido a la suma de adeptos es la creación de un enemigo común: los migrantes, los extranjeros, el *establishment* político, etcétera. En el caso de la lengua, es el habla incorrecta y quienes la ejecutan. Poco importa si estos enemigos son reales, caricaturas de la realidad, o tan imaginarios como Santa Claus —si tienes menos de 12 años y por alguna razón estás leyendo este libro, mira, tarde o temprano te ibas a enterar—.

Hay lenguas para las que existe un peligro real, sin duda. Sólo en México (según datos del Instituto Nacional de los Pueblos Indígenas), 23 de las 68 lenguas habladas en el territorio están en riesgo de desaparecer, y un reciente estudio de la Australian National University (ANU) predijo que durante este siglo se perderán unas 1500 en todo el mundo. Ninguna de ellas, que sepamos, está en peligro porque sus hablantes no hayan seguido las reglas del buen hablar.

Al contrario, los motivos suelen acompañar la marginación social, legal y educativa de sus hablantes (como en México, donde el español es la lengua de facto y no se fomenta el uso ni el aprendizaje del resto de las lenguas nacionales en las escuelas), cuando no directamente a causa de la guerra o el genocidio. En palabras de la lingüista y activista mixe Yásnaya Aguilar:

> **De las aproximadamente siete mil lenguas que se hablan en el mundo [...], aproximadamente el 0.2 % de la población mundial habla casi la mitad de ellas. Esta proporción se relaciona, o la relaciono aquí, con el hecho de que los pueblos en los que casi la mitad de la diversidad lingüística del mundo está depositada, son pueblos que quedaron encapsulados dentro de países, estados-nación, que les niegan casi siempre la capacidad de autodeterminación.**

Sobra decir que el español no es, ni será en próximas fechas, una de esas lenguas marginadas; por el contrario, es el idioma de muchos estados-nación. Sin embargo, rara vez escuchamos a los espontáneos defensores de la lengua abogar por cualquiera de las lenguas moribundas o minoritarias de los países en los que viven; por lo general, de hecho, ocurre exactamente lo opuesto: cada vez que en España, por ejemplo, se realiza algún esfuerzo por revitalizar las lenguas regionales o, Cervantes no lo permita, se las prioriza por encima del español, llueven en aquel país los titulares, las arengas públicas y las columnas de Arturo Pérez-Reverte que se lamentan porque «el español está en peligro».

Los datos muestran lo contrario: según el Instituto Cervantes, el español es la cuarta lengua más hablada en el mundo (de las más de 7 mil de las que tenemos registros), y la segunda lengua materna, sólo después del chino mandarín;

tiene en América la extensión geográfica más grande en la que habitantes de nacionalidades distintas pueden comunicarse entre sí; es la tercera lengua más usada en internet; la estudian como segunda lengua casi 24 millones de personas, y se proyecta que para 2068 haya 726 millones de hablantes, casi 130 millones más que en la actualidad. En ese sentido, que los catalanes cometan la incongruente osadía de expedir en catalán los documentos oficiales de gente catalana que vive en Cataluña y habla catalán no es peor para el español de lo que para el mar es que un niño se mee en la playa.

¿El español va a morir algún día? Sin duda, como murió el latín y como va a morir el sol. Dice mi terapeuta que no hay que aferrarse a las cosas. Pero ninguna de esas cosas será pronto (salvo el latín, claro, que en paz descanse), y por eso el normativismo apocalíptico tiene algo de quijotesco. Siempre que escuches a alguien decir que «hay que defender el español», piensa que es como si te dijera que hay que defender al sol de quienes no se asolean como se debe.

asdljklgafdljk

Siendo francos, claro, no es la erradicación forzada la clase de peligro que les preocupa a Don Hispanio y a Doña Norma. Su percepción del riesgo es más del tipo bola de nieve o efecto mariposa. Una maestra escucha a un niño decir *dijistes*, no hace nada, y pum: un siglo después, saquen los violines porque la lengua española ha muerto. O, cuando menos, pasado cierto tiempo, como afirma el comentario citado al inicio de este capítulo, la habremos desmenuzado a tal punto que «ya no nos vamos a entender». Aunque estas hipótesis pueden nacer de una preocupación genuina y pueden surgir incluso entre personas con un interés o un cariño reales por su propio idioma, me parece que están sostenidas en dos posibilidades: 1) un desconocimiento del funcionamiento de la lengua, o 2) una falta de confianza en dicho funcionamiento. Una tercera opción, que ya abordamos en el apartado previo, es que más bien se estén utilizando la lengua y ese supuesto peligro como un señuelo para otra cosa, pero ahora nos concentraremos en las primeras.

Quizá algunos lectores hayan reconocido la ¿palabra? que da título a este apartado: *asdljklgafdljk*. Mírala bien, si no te dice nada es posible de todas formas que te provoque la sensación de haberla visto alguna vez. No, no es el nombre de un volcán en Islandia (aunque podría serlo). No puse a Bolillo sobre el teclado esta vez, pero sí se trata de un «golpe de teclado» (*keysmash,* en inglés). ¿Te acuerdas cuando querías guardar un archivo o una imagen que no tenía demasiada importancia, pero igual necesitabas darle un nombre y tecleabas lo que fuera? ¿O cuando, en las salas de chat, algo te resultaba tan gracioso que querías dar la impresión de que, en vez de sólo reírte con *jajaja,* estabas golpeando el teclado sin control? Pues eso. Se trata de una sucesión de caracteres que implica el caos de presionar teclas de forma desordenada y aleatoria... O bueno, «desordenada» y «aleatoria».

En *Because Internet,* Gretchen McCulloch analiza algunos de los patrones reconocibles en los golpes de teclado, precisamente el uso lingüístico que en teoría no debería tenerlos. A saber:

- por lo general empiezan por la letra *a,* seguida de la *s,* la *d* y la *f*; a veces alternadas con estas, o después de ellas, aparecen *g, h, j, k* y *l*;
- pueden ser todas mayúsculas o todas minúsculas, pero rara vez se alternan, y
- nunca incluyen números.

Naturalmente, esto se debe sobre todo a la posición natural de las manos sobre el teclado QWERTY. En nuestro afán de rebelarnos contra el orden, nuestros traicioneros dedos rompehuelgas van a acomodarse con perfecta docilidad a las teclas de la fila intermedia del teclado[30]. Luego, a fuerza de repetir, ocurre la magia de la convención lingüística: empezamos a reconocer la secuencia del caos, y el reconocimiento se convierte en expectativa: muchas personas, después de *escribir* un golpe de teclado, lo analizan unos segundos y si no se ve lo suficiente como sienten que debería verse, lo *reescriben*. Soy, la verdad. Como ilustra McCulloch, queremos que la gente sepa que se trata de un golpe de teclado, y no que crean que tu gato pasó caminando por el escritorio: ññññññññññlllllllllkmn.

En tanto que se trata de un uso no normativo (nadie te va a pedir que escribas *asdfghjkl* en un examen... salvo que seas mi alumno, en cuyo caso no puedo garantizarte nada), el ejemplo anterior ilustra cómo los hablantes somos perfectamente capaces de ponernos de acuerdo y crear convenciones lingüísticas al margen de las reglas.

Ahí te va el secreto: la convención antecede a la voluntad de regularla.

Esto explica a su vez:

1) por qué la lengua es mucho más que sólo un conjunto de reglas que obedecer, y
2) por qué «romper las reglas» no pone en peligro a un idioma.

30 Los teclados de los teléfonos inteligentes hoy en día usan también la distribución QWERTY, aunque la diferencia en la posición de las manos respecto a una computadora puede dar lugar a otras variantes, como *akskskdkfjansnf* o *gbgdgdhfbhfchd*, que reflejan mejor el uso repetido de los pulgares.

En *Por qué no enseñar gramática en la escuela* (*Por que não ensinar gramática na escola*), el sociolingüista brasileño Sírio Possenti nos propone ver la gramática —entendiendo *gramática* como el conjunto de convenciones de una lengua— como si fuera una pirámide, compuesta por tres tipos distintos:

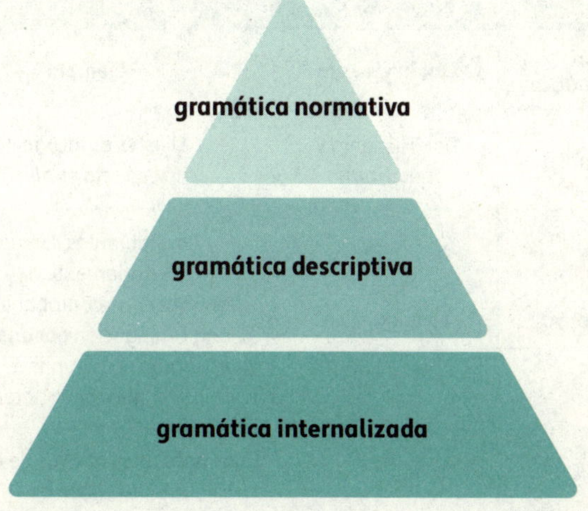

La parte más alta es la *gramática normativa*, es decir el conjunto de convenciones *que deben seguirse*. Como sabemos ya de sobra, esta gramática suele estar supeditada a la época, se basa en criterios subjetivos o poco científicos y busca establecer un estándar único y de preferencia inmutable. La franja intermedia —de mayor tamaño, sosteniendo al pico— es la *gramática descriptiva*, o sea el conjunto de convenciones *que de hecho se siguen*; este es el terreno de acción de la ciencia lingüística y abarca todas las manifestaciones de la lengua, incluidas sus variantes geográficas, sociales e individuales. De estas dos hemos hablado ya a lo largo del libro, pero hemos dejado para el final a la verdadera estrella: sosteniendo en la base a las dos anteriores, se encuentra la *gramática internalizada,* es decir el conjunto de convenciones *que los hablantes dominan,* aquellos patrones y tendencias que hacen que el español suene a español y no a otra cosa, aquellas características que reproducimos sin siquiera darnos cuenta, de tan asimiladas que las tenemos.

Lo que Don Hispanio no quiere que sepas de la gramática		
Tipo de gramática	**Quién vive ahí**	**Ejemplo**
Normativa	Don Hispanio y Doña Norma	*Dijistes* es incorrecto; lo correcto es *dijiste*.
Descriptiva	La lingüística	Los hablantes conjugan mayoritariamente *dijiste*; la variante *dijistes*, probablemente una conjugación por analogía, es común en algunas regiones y contextos sociales.
Internalizada	La totalidad de hispanohablantes, nos guste o no	Los hablantes nativos de español conjugan *tú dijiste* o *tú dijistes*, pero nunca *tú dijeron* ni *nosotros dijiste*; por lo general pondrán el verbo después del pronombre (que además tal vez omitan) y seguirán un orden de izquierda a derecha; también pronunciarán la letra *s* final como sibilante o como aspirada, pero nunca, por ejemplo, como una *n* o una *p*.

Si lo pensamos un poco, nos daremos de frente con la certeza de que, incluso los casos más controversiales, como los marcadores de género neutro del lenguaje incluyente, pueden escurrírsele a la gramática normativa y variar según el contexto en la gramática descriptiva, pero no pueden escapar a los patrones profundos de nuestra gramática internalizada; un hablante podrá decir *todos mis amigos, todas mis amigas* o *todes mis amigues,* pero no dirá por ejemplo *todes mis amigas,* porque el andamiaje subyacente del español pide la concordancia de género entre los elementos de la frase (independientemente de si el marcador es masculino, femenino o neutro), ni tampoco dirá *todes amigues mis* porque ese mismo andamiaje pide que los determinantes, entre ellos los posesivos como *mis,* se coloquen siempre antes del sustantivo. Y no quiero marearte con más palabrotas gramaticosas, así que ni siquiera hablaremos de patrones fonológicos. Si viéramos un mapeo gramatical completo de nuestra lengua, nos quedaría claro lo mucho que los marcadores neutros «siguen las reglas» del español, y lo mucho que a los puristas les gusta ahogarse en un vaso de agua.

La gramática internalizada, entonces, está compuesta por cimientos bien construidos, que tardan muchos siglos en modificarse, porque muchas veces no operan siquiera en el nivel consciente; es la médula del idioma —el «genio del idioma», como le llaman algunos— y, más importante, no la aprendemos en la escuela, sino cuando adquirimos la lengua de quienes nos rodean durante nuestra primera infancia. Piénsalo: cuando entraste a la escuela, ya dominabas las estructuras profundas de tu idioma y eras capaz de usarlas de manera solvente, aunque no supieras cómo se llamaban, de qué forma se ajustaban a diversos contextos, o cómo se escribían.

Si volvemos a la pirámide, podemos ver de forma gráfica el gran error (y la enorme soberbia) del normativismo ideológico: su premisa fundacional es confundir la gramática normativa con la totalidad de la lengua; por eso cree y transmite que, al atentar contra ella, se atenta contra la lengua en su conjunto, pero la realidad no es tan apocalíptica: ninguna pirámide va a caer por más cabezazos que le demos a la punta. Cuando se vulnera aquello que, en una época específica, se considera correcto en términos normativos, no se está rasguñando sino la parte más superficial de la lengua, mientras que sus cimientos, aquellos que hacen español al español, se mantienen incólumes. Es gracias a la gramática internalizada que no te supondrá un esfuerzo especial comprender lo que un usuario de TikTok escribió el otro día en uno de mis videos: «chiale ohala ste re gud escribido (mentalidad de adrian shaves). jajajaja». Ese primer *chiale* —variación de un *chale* («¡caray!», «¡caramba!») que delata la mexicanidad de su autor— pueda resultar oscuro para hablantes de otras variantes del español, pero el resto —incluido el anglicismo «gud» («*good*», «bueno» o, en este caso, por la posición, «bien»)— es fácil de leer gracias a la lógica interna de nuestra lengua. Si ni siquiera un uso como *asdfghjkl*, que es la expresión más transparente del caos y desafía las tendencias naturales del idioma, escapa a un cierto nivel de convencionalización que le da un sentido inconsciente en la mente de los hablantes, qué no podrá decirse de otras variantes marginales de las que hemos hablado en los capítulos anteriores. La gran mayoría de ellos son alternativas que ocurren en el nivel de la corteza de la lengua, e incluso si creyéramos que causan un daño, este sería superficial. Cuando leen una partitura, los músicos no leen cada una de las notas, sino que interiorizan la estructura armónica y deducen el camino que va siguiendo la melodía. De igual forma, los hablantes somos virtuosos ejecutantes de nuestra lengua, y no la hablamos «nota por nota», como creería Don Hispanio.

Lo anterior explica por qué la lengua española se modificó antes de la fundación de la Real Academia Española y se sigue modificando después de ella, y por qué aquí sigue, tan a gusto. Explica también por qué lenguas que carecen de «órganos regulatorios», como el inglés, tienen una variación interna relativamente similar a otras que sí los tienen (entre el inglés del norte de Irlanda y el de Texas hay una enorme diferencia, claro, pero no más que entre el español de Madrid y el de Santiago de Chile), y también siguen ahí, tan vivas como en los últimos siglos. Explica también por qué, aunque cada generación de normativistas defiende una versión distinta de la lengua (por lo general la versión cuya existencia sus antecesores querían evitar), todos pueden seguir diciendo que están defendiendo el español, y no otra cosa.

Las lenguas —normadas o no— se modifican con el tiempo, eso es un hecho. En palabras de Possenti:

> **[l]o que le ocurrió al latín no le ocurrió por castigo ni por casualidad. Le ocurre a otras lenguas, como el alemán, el inglés, el griego, el portugués; a todas las lenguas, en realidad. Y continúa ocurriendo. No hay una sola lengua que permanezca uniforme. Todas las lenguas cambian. Esta es una de las pocas verdades indiscutibles en relación con las lenguas, sobre la cual no puede quedar duda alguna.**

Tan no queda duda, que estoy cien por ciento seguro de que a quien lea este libro dentro de cincuenta años habrá que ponerle algunas notas al pie para que entienda el contexto de muchos de los usos lingüísticos que he usado como ejemplos, porque para entonces estarán pasados de moda o tan incorporados a la lengua común que los futuros lectores no entenderán cuál era la controversia.

El proceso evolutivo, sin embargo, es muy lento y, por lo general, como vimos a lo largo del capítulo 4, los cambios no ocurren de golpe, con un uso sustituyendo instantáneamente a otro y provocando una crisis de incomunicación, sino que las alternativas conviven en un mismo momento de la historia antes de que, poco a poco, alguna se imponga sobre la otra, y casi siempre ambas (o todas ellas) son comprensibles para la mayoría de hablantes, aun cuando socialmente una de ellas se considere «incorrecta» (según información corroborada por mí, el cien por ciento de las personas que hacen cara de fuchi al escuchar un *haiga* entienden que se trata de una conjugación del verbo haber en el modo subjuntivo, aun cuando no sepan qué demonios es el modo subjuntivo).

Por todo lo anterior, la idea de que si se toleran usos lingüísticos marginales «llegará el día en que ya no nos vamos a entender» es falsa; si acaso, vendrán nuevas versiones de la lengua española, todas ellas asequibles y perfectamente funcionales para quienes las hablen en cada época: el camino de la lengua es recto y hacia adelante, y no una cuesta abajo, como advierten los Jeremías de la normativitis. Y no sólo es una idea falsa, sino también un tanto melodramática, considerando que incluso entre lenguas distintas, que se separaron hace siglos de su raíz común, hay en ocasiones un amplio rango de mutua inteligibilidad; tal vez no hables portugués, pero si un brasileño se acerca y te dice «*desculpe, bom dia, pode-me ajudar? Estou perdido e não falo espanhol*», hay una gran probabilidad de que tengas clara la situación. Aún así, los defensores del español creen que por decir *hubieron muchas personas* en lugar de *hubo muchas personas,* o *en base a* en vez de *con base en,* se cimbrarán un día los cimientos del idioma.

Estoy seguro de que habrá normativistas a los que no les interese realmente la lengua, y para los cuales preservar la idea de «corrección» sea un paso necesario en el camino de preservar los desequilibrios sociales de los que se benefician o aspiran a beneficiarse; a esos no queda sino desenmascararlos y arrinconarlos con la evidencia para que admitan sus verdaderas intenciones. Pero estoy seguro también de que habrá otros que de verdad profesen cariño o curiosidad por nuestro idioma, y para los que el normativismo era simplemente el único camino que conocían hasta ahora, porque es el único que la educación básica de nuestros países supo ofrecerles; estos últimos son quienes, al conocer el verdadero funcionamiento de la gramática, quizá puedan empezar a confiar un poco más en ella y en su humilde currículum de más de diez siglos; quizá puedan empezar a confiar también un poco más en las y los profesionales de la lengua, que compartimos con ellos el cariño y la curiosidad por el idioma. A esos normativistas próximos a dejar de serlo les digo, ahora sin asomo de ironía, que pueden quedarse tranquilos: el español está a salvo.

9

HUIDA DE ENSEÑAR Y ESPAÑOL, NO CORRECTO»

OZ:

APRENDER

«ESPAÑOL

¿Entonces para qué aprender y enseñar lengua?

Son ya muchas páginas desde que aquel inoportuno mono volador entró por la ventana de tu baño, interrumpió tus cavilaciones y te invitó a huir de la tiranía del Mago de Oz y del correcto ozpañol, sostenida en ilusiones ópticas y verdades imaginarias. En aquel momento no te parecían tales, y es natural que la intromisión del mono lingüista no te supiera a nada más que una forma muy retorcida de allanamiento de morada, pero ahora, con suerte, ves las cosas diferentes; es decir, sigue estando mal interrumpir a la gente en medio de sus sagradas actividades excretoras, pero ahora sabes que en las palabras del mono hay mucho más en juego.

Una vez, durante una charla frente al público, tras escuchar algunas de las cosas que he hablado en este libro, un chico me hizo una pregunta, más contrariado que retador: «si cada quien puede hablar como quiera, ¿qué sentido tiene entonces que nos den clases de español en la escuela?». Tengo la esperanza de que, si has llegado hasta aquí, compartiremos una misma respuesta: porque aprender lengua es mucho, mucho más que memorizar una lista de mandamientos a seguir, unas fórmulas correctas que basta repetir ciegamente, y luego fustigar con el látigo de tu desprecio a quienes no las repitan de la misma forma, sin preguntarte jamás si todo aquello tenía sentido. Esto no quiere decir que la pregunta del chico fuera tonta, sino que a él —como a muchos de nosotros y nosotras— la escuela le falló: le hizo creer que la gramática normativa es la lengua y que fuera de ella sólo hay vacío, por lo que, al quitar las normas de la ecuación, no queda nada que enseñar, nada que aprender.

Pero eso es falso.

La lengua es un lugar más grande, más interesante, más rico, más democrático y más divertido de lo que la normativitis nos deja ver. Es un parque público, no una prisión. Enseñar nada más que reglas cabe en lo que mi abuelito Paulo Freire llama la «educación bancaria», que sólo deposita información muerta en las cabezas de los alumnos como si fueran cuentas de banco, sin que medie una conversación con sus conocimientos previos ni con su realidad social.

Tras describir los tres tipos de gramática que abordamos más arriba, Sírio Possenti lanza una propuesta de enseñanza y aprendizaje, que (atención, gente en situación de maestro) «consistiría en trabajar en la escuela con esas tres gramáticas, en orden de prioridad inversa en relación al orden en que las presentamos, es decir privilegiando la gramática internalizada, luego la descriptiva y, por último, la normativa». Como puede verse, esto no significa que dejen de atenderse, tanto cuando aprendemos la lengua propia como cuando adquirimos una lengua extranjera, las convenciones que componen un idioma y que nos ayudan a comunicarnos con el resto de hablantes. Significa, más bien, darle la vuelta a la educación lingüística tal como está, más en línea con la lingüística moderna (y de la pedagogía moderna, de paso): primero, partir de la lengua que hablan los alumnos, de lo que ya saben, sin juzgarlo con unos criterios normativos de fundamento más débil que el guion del episodio IX de *La guerra de las galaxias*; segundo, sistematizarlo, enseñar las diversas convenciones que existen y a qué contextos obedecen, y tercero, sólo entonces y como un apéndice, alertar al alumnado sobre el contexto formal normativo —apenas uno entre los muchos que componen la comunicación— y entrenarlo para que sea capaz de desenvolverse (también, pero nunca exclusivamente) en él. El objetivo, concluye Possenti, es lograr que dejemos de aprender la lengua «en torno a la transmisión de contenidos listos, y pase a ser una tarea de construcción de conocimiento por parte de los alumnos, una tarea en la que el profesor deja de ser la única fuente autorizada de información, motivación y sanción. La enseñanza debe subordinarse al aprendizaje». A Don Hispanio y a Doña Norma les gusta mucho ser los protagonistas de sus clases, pero si les gusta figurar, mi recomendación certificada es que persigan una carrera de tiktokers, porque las clases son para los alumnos.

Para las y los profesores, lo anterior implica un cambio general de paradigma, pero también pequeños cambios específicos en los que este se manifiesta. Por ejemplo:

- las explicaciones lingüísticas se alejan del arbitrario y poco estimulante «porque así es» y comienzan a explorar en la historia y las entrañas de la lengua y lo que estas dicen de sus hablantes;
- las tareas dejan de estar hechas para que las lea el maestro y comienzan a elaborarse en función de contextos hipotéticos específicos, algunos formales y otros no, para potenciar la plena competencia comunicativa del alumnado, no sólo su capacidad de obedecer;
- el reconocimiento de la diversidad de variantes lingüísticas y hablantes comienza a estimular conversaciones interesantes sobre la realidad del alumnado, por encima de sólo transmitir reglas abstractas, separadas de su contexto.

Otro sociolingüista brasileño, Marcos Bagno, elabora en su libro sobre prejuicios lingüísticos un decálogo de propuestas, o de «rupturas» con la educación lingüística tradicional, como él las llama, y que resumo a continuación, ligeramente parafraseadas:

1. reconocer que todo hablante nativo de una lengua es un usuario competente de esa lengua, y por lo tanto *sabe hablarla*;
2. aceptar la idea de que no existen los «errores lingüísticos», sino las diferencias y los usos alternativos a la propuesta normativa;
3. no confundir error lingüístico (que no existe) con error de ortografía, ya que no son lo mismo: la lengua es natural, mientras que la ortografía es artificial;
4. reconocer que lo que la gramática tradicional llama «error» en realidad es un fenómeno que tiene una explicación científica perfectamente demostrable;
5. hacer consciencia de que todas las lenguas cambian y tienen variantes;
6. darse cuenta de que la lengua no va ni bien ni mal, sino que simplemente va, sigue su curso y su evolución, y no se la puede detener;
7. respetar la variedad lingüística de toda persona, ya que eso equivale a respetar su integridad física y espiritual:
8. reconocer que la lengua lo permea todo y nos constituye como seres humanos, que moldea nuestra forma de ver el mundo y está a su vez moldeada por él;
9. reconocer, por lo tanto, que quien enseña lengua está enseñando el mundo, y
10. reconocer el conocimiento intuitivo de quien aprende y el hecho de que la lengua que habla es parte de su identidad como ser humano, y, en consecuencia,

construir a partir de lo que sabe, en vez de intentar suprimirlo.

En resumen, una visión más científica y más sensata del aprendizaje lingüístico no busca la abolición de la enseñanza, sino su mejora: enseñar lengua, no «lengua correcta».

Esto quizá responda también al reclamo que, en otra ocasión, me hizo mi archienemigo @usuario01234 en TikTok: «felicidades, estás fomentando la mediocridad». Sin duda, una afirmación así tiene sentido si se cree que la gramática normativa es «mejor» y que, en consecuencia, quien no se atiene a ella va en sentido contrario a lo ideal, pero ya hemos visto que no sólo ese «mejor» está sospechosamente atravesado por prejuicios sociales, sino que además, desde el punto de vista estrictamente lingüístico, no tiene ningún sustento. En esa línea, no se me ocurre nada más insípido y cicatero que una enseñanza enfocada exclusivamente en transmitir lo normativo, en construir una pirámide comenzando (y terminando) por la punta. ¿Qué fomentará más la mediocridad? ¿Informar que un uso lingüístico *debe ser* así y punto, o de otra forma «está mal», sin ahondar en las razones, o guiar a quien quiere saber para que aprenda y comprenda las varias alternativas existentes y sea capaz de dominarlas en función de diversos contextos y adaptarse a estos? La segunda es un proceso pedagógico; la primera, una línea de producción.

Por supuesto, en lo que se refiere específicamente a la educación y no a nuestra concepción general de la lengua, las sutilezas del proceso educativo, su gradación según niveles de aprendizaje, etapas de la vida y aplicaciones prácticas son materia de otro libro y de la colaboración con otros profesionales, pero todo empieza por la reconfiguración mental, por el cambio de paradigma, por el truco de invertir la pirámide: el truco de priorizar la ciencia antes que la obediencia.

La pequeña revolución del autoestima lingüístico

No es "ganando" en el respeto a las normas
que construimos una comunicación exitosa [...].
Se gana en la comunicación exitosa
cuando todas las partes se ayudan entre sí.
—Gretchen McCulloch, *Because Internet*

Estoy en mi sala, en el mismo comedor donde grabo mis videos para redes sociales, terminando de escribir este libro. Mientras le doy un sorbo al té, pienso en la mejor forma de darle un cierre y se me ocurre que durante las horas que dediqué a sacrificar mi higiene mental leyendo y escuchando las opiniones de los puristas que pueblan todavía hoy las instituciones, los periódicos, las redes y mi sección de comentarios, me fue quedando claro el factor común a todas ellas, y que en buena medida resume las causas y las consecuencias de la normativitis que hemos visitado hasta ahora.

Se trata del desprecio.

No un desprecio inofensivo, como el que me provocan el calor, el jitomate y la guitarra de algunas canciones de bachata —no sé dónde estés, Romeo Santos, pero voy a buscarte y voy a encontrarte—, sino el virulento desprecio a Los Otros. En realidad, es el desprecio a una serie de características y asociaciones mentales y culturales que cualquiera, incluido uno mismo, está «en riesgo» de reproducir (y entonces se convierte en autodesprecio, la comprobación en uno mismo de Lo Otro indeseable).

Este desprecio tiene un nombre, que hasta este momento me he reservado para no asustar a los escépticos, pero que ahora, con evidencia de sobra detrás nuestro, podemos decirlo sin reservas: *glotofobia*.

Glotofobia (de *gloto-*, lengua, y *fobia*, aversión o rechazo). Discriminación práctica o simbólica que sufre una persona por su forma de hablar, ya sea por la lengua o variante dialectal que habla, o en general por no ajustarse a lo que se considera *habla estándar*. El término fue acuñado por el sociolingüista francés Philippe Blanchet.

Como hay pocas cosas que los seres humanos amemos tanto como odiar, tenemos sistemas de creencias enteros fundados en el desprecio. El machismo, por ejemplo, desprecia lo femenino —y queda muy claro, por ejemplo, en cómo trata a los hombres que incurren en actitudes consideradas femeninas, ya no digamos en los roles que le asigna a las mujeres—. El racismo desprecia todo aquello que se aleje de la blanquitud. La glotofobia, que hasta ahora hemos llamado *normativitis*, el normativismo convertido en una ideología que permea toda nuestra concepción de la lengua, desprecia cualquier desviación de la norma lingüística culta, independientemente de que esta no tenga un sustento científico. La cosa es que, mientras que el machismo y el racismo ya no gozan del prestigio que solían tener en siglos pasados —yo sé que los comentarios de @usuario01234 a veces nos convencen de lo contrario, pero al menos hay una mayor conciencia colectiva al respecto—, la glotofobia anda como si nada,tragando papitas y viendo Netflix sin que nadie la moleste. James Milroy lo dice de forma más elegante: «En un tiempo en el que la discriminación por motivo de raza, color, religión o género no es ya públicamente aceptable, el último bastión de la discriminación social explícita continúa siendo la forma en que una persona usa la lengua».

Terminaremos con una nota menos sombría, te lo prometo, pero antes aquí tienes un par de datos horribles para arruinar tu semana: en 2022, en una secundaria de Querétaro, Juan Pablo, un niño de origen otomí, fue víctima de un ataque de bullying por parte de varios de sus compañeros, que lo rociaron con alcohol y le prendieron fuego mientras se burlaban, entre otras cosas, de su acento. Por supuesto, se trata de un caso extraordinario, pero no es sino la manifestación radical de una realidad cotidiana: ese mismo año, la Encuesta Nacional sobre Discriminación (ENADIS) reveló que en México la manera de hablar es la quinta causa de discriminación (y la tercera entre personas migrantes, niños en edad escolar y adultos mayores de 60 años), por encima incluso del color de piel y la orientación sexual. ¿Por qué hay debates públicos sobre estas dos, pero no sobre la discriminación lingüística? Ah, ventanilla equivocada, vuelva en un siglo, aquí todavía creemos que confundir el «habla correcta» con la lengua en su conjunto es hacerle un favor a la gente.

Pero el desprecio, decíamos, no está reservado nada más para los otros. La glotofobia provoca también, en el hablante mismo, algo parecido a la culpa religiosa. ¿Te resulta conocida esa sensación de que deberías hablar tu lengua «mejor» de lo que lo haces? Bueno, pues ésa es la consecuencia obvia de tener un ideal inalcanzable, porque no existe, o acaso existe sólo en la teoría, una teoría sostenida en arbitrariedades y contradicciones, defendida no por profesionales de la lingüística sino por Don Hispanio Correctillo y Doña Norma de la Academia, sacerdotes y feligreses de la norma, y por los profetas apocalípticos de la lengua. Como afirman

Sadowsky y Martínez, su propósito es asegurarse de «que si no acatamos sus exigencias en el plano lingüístico, tampoco podremos construir un mínimo grado de autoestima, autoconfianza y seguridad —y para qué hablar de orgullo— en torno a nuestra propia lengua».

Más que la defensa de la norma culta, la glotofobia es el culto a la norma, en detrimento de las personas.

Entonces pienso, antes de que se me enfríe el té: si la médula de la glotofobia cotidiana es el autodesprecio, el primer paso para curarse de ella es la reivindicación de nuestra propia identidad lingüística. Y entonces me acuerdo de unas palabras de Marcos Bagno, cuando sostiene que necesitamos «elevar el grado de la propia *autoestima lingüística*: rechazar con vehemencia los viejos argumentos que buscan menospreciar el saber lingüístico de cada uno de nosotros. Debemos imponernos como hablantes competentes de nuestra lengua materna» y recordar, añadiría yo, que no somos menos hablantes ni menos competentes cuando utilizamos la lengua en sus diversas manifestaciones regionales, sociales e individuales, adaptándonos a los muchos contextos en los que los seres humanos nos desenvolvemos, y no sólo al estándar normativo.

En realidad, no necesitas estar a la altura de la lengua: tú eres la lengua.

Esto no quiere decir que ignoremos que lo normativo existe, y que conocerlo y reconocerlo resulta muchas veces necesario para sobrevivir en la sociedad en su estado actual; sí quiere decir, sin embargo, que podemos iniciar lo que Bagno llama una «guerrilla contra el prejuicio», una serie de pequeñas revoluciones del autoestima lingüístico: quizá abandonar los conceptos de «correcto / incorrecto» y de «bien / mal» cuando hablamos de la lengua, y priorizar los de «adecuado / inadecuado», para recordarnos que somos capaces de adaptarnos a contextos diversos; quizá pensar dos veces antes de instrumentalizar un error de ortografía como contraargumento en las discusiones en redes sociales y recordar, si alguien te lo hace a ti, que la ortografía también es contextual y apenas una tuerca en la enorme maquinaria de la lengua; quizá hacer consciencia de que no hay lenguas ni variantes mejores que otras y aprender a apreciar las sutilezas de cada una, las soluciones con las que han dado al laberíntico problema de nombrar la realidad; quizá, para las y los maestros, repensar la perspectiva desde la que enseñan y lo que provoca en su alumnado; quizá, para las y los lingüistas, reapropiarse de la pertinencia social de su trabajo y salir más seguido de sus institutos; quizá, para los medios informativos, consultar y entrevistar profesionales en temas de lengua cuando lo amerite, y no sólo escritores e intelectuales misceláneos; quizá de muchas otras formas que a mí no se me han ocurrido porque no soy más que un fan más de *Shrek 2* tratando de divulgar las cosas que sabe, pero a quienes lean este libro sí se les ocurrirán, estoy seguro, porque la lengua es, por definición, un trabajo en equipo.

Una de las cosas que más me fascina de las lenguas, y de esta que hablamos tú y yo en particular, es su salvaje generosidad para con la diversidad, lo elástica e ingeniosa que es, cuando no se le ponen trabas, para dar solución a nuestras necesidades de nombrar, expresar o existir en el mundo de todas las formas que se nos ocurran. Y ésa es, estoy seguro, una de las razones porque muchas y muchos lingüistas deciden dedicarle su vida a estudiarlas. Yo creo que es hora de traer la percepción pública de la lingüística al siglo XXI, con el resto de las disciplinas científicas. Una vez que recuperemos el autoestima lingüístico que nos arrebató el monopolio de la glotofobia, podremos reemplazar el desprecio con la ciencia, la curiosidad y la celebración de la pluralidad inherente a la lengua.

Frente al oscurantismo de la norma, la luz de la diversidad.

Ah, sí: sorbito.

Bibliografía

ACADEMIA ARGENTINA DE LETRAS (s.f.) El tratamiento lexicográfico del verbo "independizarse" huellas de un debate político a principios del siglo XX. https://www.aal.edu.ar/?q=node/689

ACADEMIA CHILENA DE LA LENGUA. (2020). *Sexo, género y gramática. Ideas sobre el lenguaje inclusivo.* Catalonia.

ACADEMIA MEXICANA DE LA LENGUA. (2022). ¿Cuándo se considera grosería una palabra? [Consultas]. https://www.academia.org.mx/consultas/consultas-frecuentes/item/groserias

AGUILAR GIL, Y. (2020). *Ää: manifiestos sobre la diversidadlingüística*. Almadía.

AGUILAR GIL, Y., ANZALDÚA, G. & BAUTISTA, R. (2019). *Lo lingüístico es político.* ONA Ediciones.

ASALE / RAE (2022). *Nunca lo hubiera dicho: Los secretos bien guardados (o no tanto) de la lengua española.* Lengua Viva.

BAGNO, M. (2007). *Preconceito lingüístico. O que é, como se faz.* Edições Loyola.

BARNES, S. & JOHNSON, M. (2013). Haya vs. Haiga: An Analysis of the Variation Observed in Mexican Spanish

Using a Mixed Effects Model. *Selected Proceedings of the 6th Workshop on Spanish Sociolinguistics,* ed. Ana M. Carvalho y Sara Beaudrie, 32-40. Cascadilla Proceedings Project.

BAUER, L. & TRUDGILL, P. (eds.) (1998). *Language Myths.* Penguin.

BACZYŃSKA, B., GŁOWICKA, M. (2019). La voz bizarro y sus insólitas fortunas literarias, en A.M. López González, M. Baran, A. Kłosińska-Nachin, E. Kobyłecka-Piwońska (eds.), *Voces dialogantes. Estudios en homenaje al profesor Wiaczesław Nowikow*. http://dx.doi.org/10.18778/8142-564-3.37.

BROMHAM, L., DINNAGE, R., SKIRGÅRD, H. et al. (2022). Global predictors of language endangerment and the future of linguistic diversity. *Nat Ecol Evol 6,* 163–173. https://doi.org/10.1038/s41559-021-01604-y

BURCHETTE, J (2014). Sexiest accents poll: Where do people have the voice of seduction? *CNN Travel.* https://edition.cnn.com/travel/article/sexy-accents/index.html

CALDERÓN, C. (2023). "Que no se use las y los": Pleno del Congreso aprueba eliminar uso del lenguaje inclusivo. Infobae. https://www.infobae.com/peru/2023/09/15/que-no-se-use-las-y-los-pleno-del-congreso-aprueba-eliminacion-del-lenguaje-inclusivo/

CASTILLO LLUCH, M. & OCTAVIO DE TOLEDO Y HUERTA, A. S. (2016). 'Habemos muchos que hablamos español': la distribución e historia de la concordancia existencial en primera persona del plural. *En torno a 'haber'. Construcciones, usos y variación desde el latín hasta la actualidad.* Eds. Carlota de Benito Moreno y Álvaro S. Octavio de Toledo y Huerta. Peter Lang Edition.

CAMHAJI, E. (2022). Quemado vivo por ser indígena: el brutal ataque contra un estudiante otomí en una escuela de México. *El País.* https://elpais.com/mexico/2022-07-03/quemado-vivo-por-ser-indigena-el-brutal-ataque-contra-un-estudiante-otomi-en-una-escuela-de-mexico.html

CENTENERA, M. (2021). La ciudad de Buenos Aires prohíbe el lenguaje inclusivo en las escuelas. *El País.* https://elpais.com/argentina/2022-06-10/la-ciudad-de-buenos-aires-prohibe-el-lenguaje-inclusivo-en-las-escuelas.html

COMPANY COMPANY, C. (2021). *El español en América: de lengua de conquista a lengua patrimonial.* El Colegio Nacional.

COMPANY COMPANY, C. (2022). *¿Qué hay que saber sobre la historia de la lengua española?* Colección Manuales. Academia Mexicana de la Lengua.

CORTÉS RODRÍGUEZ, L. M. (1991). Sobre conectores, expletivos y muletillas en el español hablado. *Cuadernos de lingüística,* 10. Ágora. P. 126.

CRESPO-FERNÁNDEZ, E. & LUJÁN,-GARCÍA, C. (2013). Anglicismo y tabú: valores axiológicos del anglicismo. *Estudios filológicos,* nº 53. http://dx.doi.org/10.4067/S0071-17132013000200004

DANBOLT DRANGE, E. (2007). Los anglicismos en el habla coloquial juvenil. *Discurso y oralidad: homenaje al profesor José Jesús de Bustos Tovar.* Coord. Luis María Cortés Rodríguez. Vol. 2. Pp. 805-814

«Darío Villanueva: "La mayor amenaza para el español es el papanatismo"» (2015). *La Vanguardia.* https://www.lavanguardia.com/cultura/20150424/54430180680/dario-villanueva-la-mayor-amenaza-para-el-espanol-es-el-papanatismo.html

DASHOW, E. M., Gunraj, D. N., Drumm-Hewitt, Klin, C. M., A. M., & Upadhyay, S. S. Texting insincerely: The role of the period in text messaging. *Computers in Human Behaviour*. DOI: https://doi.org/10.1016/j.chb.2015.11.003

DE BENITO, C. & ESTRADA, A. (2015). HOLI EN TUITER HABLAMOS RARO UN BESI: La variación lingüística en Twitter. Universidad de Zürich. https://www.academia.edu/10138878/HOLI_EN_TUITER_HABLAMOS_RARO_UN_BESI_La_variaci%C3%B3n_ling%C3%BC%C3%ADstica_en_Twitter

DI TULLIO, Á. (2015). El español de América y la tradición prescriptiva. *Representaciones*, Vol. XI, N°2. Pp 117-147.

EDWARDS, J. (2013). *Sociolinguistics: A Very Short Introduction*. Oxford University Press.

ESCAJA, T. & PRUNES, M. N. (eds.) (2021). *Por un lenguaje inclusivo. Estudios y reflexiones sobre estrategias no sexistas en la lengua española*. Col. El árbol de las palabras, n°5. Academia Norteamericana de la Lengua Española.

ESPINOSA MENESES, M. (2001). Algo sobre la historia de las palabrotas. *Razón y palabra*. N°23.

«"Es una estupidez": El día que Mario Vargas Llosa se burló del lenguaje inclusivo y el uso de 'todes'». (2021). *Milenio*. https://www.milenio.com/cultura/mario-vargas-llosa-burlo-lenguaje-inclusivo-video

«Francia prohíbe el uso del lenguaje inclusivo en escuelas». (2021). *El Universal*. https://www.eluniversal.com.mx/cultura/francia-prohibe-el-uso-del-lenguaje-inclusivo/

FRIDLAND, V. (2023). *Like, Literally, Dude. Arguing for the Good in Bad English*. Viking.

FUNDÉU (2011). [#EscribirEnInternet] «'Presidenta' en femenino: es correcto». https://www.fundeu.es/escribireninternet/presidenta/

FUNDÉU (2019). [buscador urgente de dudas] «en redes, *me gusta,* mejor que *like*». https://www.fundeu.es/recomendacion/like-me-gusta-redes-sociales-facebook/

GARCÍA CHÁVEZ, E. (2022). The use of 'ocupar' as a verb of necessity in Mexican Spanish. *Borealis. An International Journal of Hispanic Linguistics,* 11(3), 247-263. https://doi.org/10.7557/1.11.3.6627

«Gobernadora de Arkansas prohíbe el término inclusivo "latinx" en documentos oficiales». (2023). *Milenio.* https://www.milenio.com/internacional/arkansas-prohibe-el-termino-inclusivo-latinx-en-documentos-oficiales

HAMMOND, C. (2013). ¿Realmente las mujeres hablan más que los hombres? *BBC News: Mundo.* https://www.bbc.com/mundo/noticias/2013/11/131113_mitos_medicos_realmente_mujeres_hablan_mas_finde

INEE (2019). Capítulo 3. 3.1. Aprendizajes clave en Lenguaje y Comunicación. *La educación obligatoria en México. Informe 2019.* https://www.inee.edu.mx/medios/informe2019/stage_01/cap_0301.html

INEGI (s.f.). Analfabetismo. *Cuéntame de México.* https://cuentame.inegi.org.mx/poblacion/analfabeta.aspx?tema=P

INSTITUTO CERVANTES (2016). *Cocodrilos en el diccionario. Hacia dónde camina el español.* Espasa.

INSTITUTO CERVANTES (2022). *El español: una lengua viva. Informe 2022.* https://cvc.cervantes.es/lengua/espanol_lengua_viva/pdf/espanol_lengua_viva_2022.pdf

JAY, K. L. & JAY, T. B. (2015). Taboo Word Fluency and Knowledge of Slurs and General Pejoratives: Deconstructing the Poverty-of-Vocabulary Myth. *Language Sciences,* 52. Pp. 251-259. DOI: https://doi.org/10.1016/j.langsci.2014.12.003

KAMENETSKAIA, S. (2014). La tradición lexicográfica del español. Entrevista a Luis Fernando Lara. *Andamios: revista de investigación social*. Nº 26. Pp. 223-243

KROCH, A. & SMALL, C. (1978). Grammatical Ideology and its Effect on Speech. En Sankoff, David, *Linguistic Variation: Models and Methods*. Academic Press.

LAMACZOVÁ, K. (2018). Análisis de los neologismos semánticos viral y bizarro: un estudio de corpus. *Language design: journal of theoretical and experimental linguistics*, 93-120.

«La RAE pide evitar anglicismos y usar el "tecnolenguaje lo menos posible"». (2021). *20 Minutos*. https://www.20minutos.es/noticia/4747319/0/rae-pide-evitar-anglicismos-usar-tecnolenguaje/

LARA RAMOS, L. F. (2013). H*istoria mínima de la lengua española*. El Colegio de México.

LES LINGUISTES ATTERRÉES. (2023). *Le français va très bien, merci*. Tracts, nº49. Gallimard.

LONGA, M. V. (2015). ¡La lengua se corrompe! Prescriptivismo y representaciones apocalípticas sobre el lenguaje en un 'jeremías' moderno. *Representaciones*, Vol. XI, Nº 2. Pp 81-116.

McCULLOCH, G. (2019). *Because Internet: Understanding the New Rules of Language*. Riverhead Books.

McWORTHER, J. (2014). *The Language Hoax*. Oxford University Press.

MÉNDEZ GARCÍA DE PAREDES, E. (1999). La norma idiomática del español: visión histórica. *Filología Hispalensis*, 13. DOI: http://dx.doi.org/10.12795/PH.1999.v13.i01.08

MONTORO DEL ARCO, E. T. (2022). Lo que 'viene siendo' lo que es. Funciones pragmáticas y variación sociolingüística. *Círculo de Lingüística Aplicada a la Comunicación*, 92, pp. 47-61. https://dx.doi.org/10.5209/clac.83915

MORENO DE ALBA, J. (s.f.). *Minucias del lenguaje* (compilación en línea). Academia Mexicana de la Lengua. https://academia.org.mx/consultas/obras-de-consulta-en-linea/diccionario-minucias-del-lenguaje

NIKLISON, L. M. (2020). Lo que la RAE no nombra no existe: una mirada glotopolítica sobre las respuestas de la RAE al lenguaje inclusivo/no sexista. *Cuadernos de la ALFAL*. Nº 12(1). Pp. 13-32

ORDINE, N. (2013). *L'utilità dell'inutile. Manifesto.* Bompiani.

PALMA, A. G., ARELLANO, N., CELI, M. A., CHIMENTI, M. Á., DE LOS RÍOS, M., & STETIE, N. A. (2023). *Lenguaje inclusivo: vademécum lingüístico.* Revista CUHSO. Vol. 33. Facultad de Ciencias Sociales y Humanidades de la Universidad Católica de Temuco.

PARDO PARDO, J. F. (1989). Prescriptivismo y lingüística moderna. Centro Virtual Cervantes.

PHILLIPS, T. (2018). *Humans: A Brief History of How We F*cked It All Up.* Headline Publishing Group.

PINKER, S. (2015). *The Sense of Style. The Thinking Person's Guide to Writing in the 21st Century.* Penguin.

POLAKOF OLIVERA, A. C. (2011). Las locuciones preposicionales desde una perspectiva normativa. *Diálogo de la Lengua*, III, 1-27.

POSSENTI, S. (1996). P*or que (não) ensinar gramática na escola.* Mercado de Letras: Associação de Leitura do Brasil (Coleção Leituras no Brasil).

«¿Qué es edadismo?» (2023). Instituto Nacional de Geriatría. https://www.gob.mx/inger/es/articulos/infografias-edadismo?idiom=es#:~:text=%C2%BFQu%C3%A9%20es%20edadismo%3F,por%20raz%C3%B3n%20de%20la%20edad.

REAL ACADEMIA ESPAÑOLA (2022). *Diccionario de la lengua española*, 23.ª ed., [versión 23.6 en línea]. https://dle.rae.es

REAL ACADEMIA ESPAÑOLA [@RAEinforma] (10 de junio de 2019). #RAEconsultas «Hijo de puta» es la forma estándar, pero «hijueputa» es válida como reflejo de la pronunciación coloquial americana. [tuit]. Twitter. https://twitter.com/RAEinforma/status/1138044405401759744

REAL ACADEMIA ESPAÑOLA [@RAEinforma] (14 de diciembre de 2020). #RAEconsultas El uso de la letra «e» como supuesta marca de género inclusivo es ajeno a la morfología del español [tuit]. Twitter.

REAL ACADEMIA ESPAÑOLA (s.f.) [Dudas rápidas] Si una palabra no está en el diccionario, ¿es incorrecta? https://www.rae.es/duda-linguistica/si-una-palabra-no-esta-en-el-diccionario-es-incorrecta

REAL ACADEMIA ESPAÑOLA Y ASOCIACIÓN DE ACADEMIAS DE LA LENGUA ESPAÑOLA. (2009) *Nueva gramática de la lengua española*, Espasa.

RISELL, D. (1981). Diferencias entre el habla masculina y femenina en español. Centro Virtual Cervantes. / https://bibliotecadigital.caroycuervo.gov.co/594/1/TH_36_002_101_0.pdf

RIVEO FRANYUTTI (2010). El aprendizaje del español en el nivel medio-superior. Diagnóstico y propuestas. *Revista de la Educación Superior,* 39(156), pp. 35-51. https://www.scielo.org.mx/scielo.php?script=sci_arttext&pid=S0185-27602010000400003

RUIZ MANTILLA, J. (2020). Santiago Muñoz Machado: "Tenemos una lengua hermosa y precisa. ¿Por qué estropearla con el lenguaje inclusivo?". *El País*. https://elpais.com/elpais/2020/07/17/eps/1594981722_985896.html

SADOWSKY, S. & MARTÍNEZ, R. (2009). El normativismo y el poder. Sitio web de Scott Sandowsky. https://sadowsky.cl/files/Sadowsky-Martinez--El_normativismo_y_el_poder_v2.pdf

SMIRNOV, I. (2017). The Digital Flynn Effect: Complexity of Posts on Social Media Increases over Time. https://arxiv.org/pdf/1707.05755.pdf

TOVILLA-LOZA, P. (2023). Hombre viejo no ~~necesita~~ ocupa consejo: estudio variacionista sobre *ocupar* y *necesitar* en el español de México. *Semas*, 2(4), 133-151. https://semas.uaq.mx/index.php./ojs/article/view/73

URROZ, L. (2024). El español se desangra. *Milenio*. https://www.milenio.com/opinion/ligia-urroz/desde-el-volcan/el-espanol-se-desangra

VALES, J. C. (2022). *Enseñar a hablar a un monstruo.* Destino.

Esta obra se terminó de imprimir
en el mes de julio de 2024,
en los talleres de Impresora Tauro, S.A. de C.V.
Ciudad de México.